カリスマコーチTAEの
ミラクル・ステップ

3カ月で人生思いのまま!

CHANGE
YOUR LIFE
FOR THE BEST
IN
3 MONTHS !

ハイパフォーマンスUPコーチ
TAE

ビジネス社

はじめに

——この本を手に取ってくださったあなたへ

2020年は世界中がコロナパンデミックに見舞われ、本当に大変な年でした。だからこそ、これから自分はどう生きたいのか、どうありたいのか、改めて人生を見つめ直し、真剣に考えた方も多かったのではないでしょうか。私もその一人です。

私は2019年夏にシンガポールへ移住しました。ようやく生活に慣れたところでのロックダウン。生まれて初めての経験。約3カ月自由を奪われ、出歩くのが大好きな私は絶望感を味わいました。

世界は変わってしまった。この先どうなるのだろう？

学校に行けずに友達と会えなくなった娘は、心が不安定になってしまいました。当然、日本への一時帰国も断念。これほど心がざわつき、不安と恐れにさいなまれたのは、今まで生きてきて初めての経験でした。

でも、そんなときだからこそ、これから世界が大きく変わっていく中、自分はどのような人生を歩みたいのか？　そして周りにどう貢献していきたいのか？　自分の使命ってなんだろう……。このまま不安と恐れの波に飲まれて生きていくの？　改めて自分との対話を続け、内省する日々を送りました。

「教えてください。あなたは何をするのですか？　その激しくかけがえのない一度きりの人生で」（メアリー・オリバー）

この詩を何度読み返したことでしょう。

そして、出てきた答えは「自分がコントロールできない外側の世界にはエネルギーを使わない。自分自身がコントロールできることに意識を集中して、この人生を精一杯生きよう。今できることをたくさん見つけよう。考えて、考えて、そして挑戦していこう！　私は生涯、挑戦者でいる！」ということでした。

そんな中、ありがたいことに、ビジネス社様より2冊目の出版のお話をいただきました。

「ＴＡＥさんのように、普通の会社員で主婦だった女性が、人生を大きく変えた秘訣を知りたい人はたくさんいますよ。それを書いてみませんか？」と。

今までたくさんの方に、「ＴＡＥさんがそこまで人生を変えられた方法を知りたいです」と言われてきました。セミナーやコーチングでお話ししたこともありますが、「それをきちんとまとめてみたい！　この本を読んでくださる方が本気で自分の人生に向き合い、たった一度のかけがえのない人生を、心から望むものへとシフトし、チャレンジしてくれるきっかけになったら、どれほど嬉しいだろう……」、そう考えると、とてもワクワクしたのです。

私はお金持ちの家に生まれたわけでもないし、勉強ができたわけでもありません。とりたててすごい才能があったわけでもないし、正直なところ、努力や継続とはまったく無縁の人生を送っていました。

そんな私が好きなことで起業し、夢を次々と叶え、念願だった海外移住も叶えられました。

私が特別なのでしょうか？

いいえ、もちろん違います！

「変わろう!!」、そう決めて行動しただけです。
「たった一度きりの人生、自分がやりたいことはすべてやりきるぞ！」と決めただけです。

人はいつからだって、どれだけでも変わることができます。
あなたには、自分が望む人生を歩む素晴らしいパワーがあるのです。

ただ、残念ながらほとんどの方は、自分が持つありあまる才能や魅力に気づかずに、自分にないものばかりを追いかけ、他人を羨《うらや》み、「自分にはできない」とあきらめてしまう。

昔の私がまさにそうでした。
でも、そんな自分に嫌気がさし、「人生を変える！　私が私自身を絶対に幸せにするんだ！」と決意したのです。

ありとあらゆる自己啓発の分野を学び、お金もたくさん使い、回り道もたくさんして、いっぱい失敗もしてきました。

けれど、回り道する中でも様々な気づきを得て、人生を大きく変えることができました。

人は変われる。今まで3000名以上の方にコーチングやコンサルタントをさせていただき、「本気で〝変わろう〟と覚悟を決めたら、人はいつからでも、どれだけでも変われるんだ」と確信しました。

あなたは今の自分に満足しているでしょうか？　誰でも、「本当はこうありたいのに、でも、現実はそうじゃない」といった〝理想の自分〟が、心の中にあるはずです。その理想の自分とは、何事にも積極的に取り組める自分かもしれないし、笑顔が素敵な社交的な自分かもしれません。あるいは、起業してお金持ちになった自分かも……。

今は違っても大丈夫。どんな人生でも手に入れられます！　さぁ、あなたがあなたらしく輝いて、人生の主人公となって生きましょう！

本書では、あなたが3カ月で人生を変える方法を、たっぷりお伝えしますね！

Contents

カリスマコーチTAEのミラクル・ステップ
3ヶ月で人生思いのまま！

Prologue

1month

1カ月目のレッスン
セルフイメージを爆上げする！

2month

2カ月目のレッスン

自分でコントロールできる領域を増やす

3month

3カ月目のレッスン
コンフォートゾーンを脱して、新しい自分に会う

Prologue

昔の私は、今とはまったく違いました

今でこそ、皆さんから、「歩くパワースポット！」「エネルギーの塊」「松岡修子！（笑）」と言われるほどにエネルギッシュでパワフルな私ですが、昔は全然違いました。セミナーなどで、「昔は全然違ったんですよ！」と言っても、なかなか信じてもらえません。良い機会なので、今まであまり語ってこなかった私の黒歴史を、ここでお話ししたいと思います。

実は私、昔はとても気が短くてワガママでした。そのうえ、しょっちゅう他人と自分を比べては落ち込んだり、やる気をなくしたり、投げやりになる性格で、努力や継続とはまるで無縁でした。

好奇心だけは旺盛だったので、いろんなことに興味を持ってやってみるものの、何一つ続かない……。典型的な「三日坊主」で、飽き性だったんです。とにかく「継続する」ことが大の苦手でした。

勉強も大嫌いでした。いまだに母から嫌味を言われますが、中学の頃は、友達が行っているという理由で塾に通わせてもらいました。でも、塾に行ったふりをして友達の家で遊んでいたり、高校生のときは夏期講習もさぼってばかりいました。

短大時代もバイトや合コンばかりに熱心で、学校で何を勉強したのかまったく記憶にないくらいです（笑）。とにかく楽をして、その場がうまくいきさえすればいいや……という、なんともお気楽な学生時代を過ごしました。

学生時代にもう少し勉強しておけばよかったなぁ、と社会に出てから何度後悔したことでしょう。そして就職して何年かたった頃、ふと「私の人生このままでいいのかな？」と思うようになりました。

人は我慢できる限界を生きる

こんなデータがあります。**現状に不満を抱えている人のうち、実に95％は行動しないまま、不満を抱えたままで人生を終えていく。**

人は、〝我慢できる限界を生きる〟と言います。つまり、「人生を変えたい」という思いはあるけれど、「まぁ、いいか」と妥協して、行動に移すことなく、そのまま日常を続けていく人が圧倒的多数なのです。

これは実に説得力のあるデータです。過去の私がまさにそうでした。不満があっても、行動に移さない。人は〝我慢の限界で生きる〟ことができるからです。

「もっとお給料の良い職場に変わりたい！」、そう思っても、「まぁ、今の会社の給料でやっていけないわけじゃないしな」。

「もっと痩せて綺麗になりたい！」と思っても、「でも、今さらモデルになるわけでもないし、今のところ服がサイズアウトしてるわけでもないしな」。

「もっと綺麗な部屋で快適に過ごしたい！」と思っても、「まぁ、生活できないほど散らかっているわけじゃないし、部屋は寝られればいいや」。

こんな具合に「〇〇したい！」と思っても、我慢の限界に達しない限り、その中でも生きられるのですよね。ですから、より良い人生を歩みたい！　と思っても、実際の行動に移して人生を変える人は、とても少ないのです。

でも、この本を読んでくださっているあなたは、本気で「人生を変えよう！」と思っていらっしゃるんですよね！

私はこれまで、「自分を変える」ことについて、実に様々な方法を試してきました。

ここからは、**3カ月であなたの人生を変える！ をテーマに、いろんなメソッドを書いていきます。**1カ月ごとにステップを分けています。ぜひ、できることから取り入れてみてくださいね！

準備していただくものは、

・ワクワクする気持ち
・自分は、「必ずなりたい自分に変われる」という覚悟
・素敵なノートとペン

だけです(^^)。
それでは、次ページから、私と一緒に1カ月目のレッスンを始めましょう！

1
2
3
months

1カ月目のレッスン

セルフイメージを爆上げする!

最初のレッスンは、自分自身のイメージを上げることです。
人は誰でも、「自分はこんな人」という
思い込みを持っています。
でも、その思い込みには、実は根拠がありません。
自分に自信をつけて、変化をしていくためにも、
過去の思い込みは捨て、理想の自分にふさわしい
自己イメージをつくっていきましょう。

1 2 3 months

セルフイメージを書き換えよう

ここからは、あなたのセルフイメージにスポットライトを当てていきましょう！

3カ月で人生を変えるために、セルフイメージはとても大切です。

「人は、思ったような人間になる」という言葉を聞いたことがあるでしょうか。

いえ、正確には、「人は、自分が思ったとおりの人間にしかなれない」のです。

「あなたができると思おうと、できないと思おうと、どちらも正しい」。これは大好きなヘンリー・フォード氏の言葉です。

私はこの言葉を思い返しては、「どっちも正しいなら、いつだって私は〝できる〟と思うことにしよう！」と、自分を勇気づけてきました。

もちろん、最初はそう思っても、「いや、そんなうまくいくわけないよ」と、すぐに不安な自分の声が横やりを入れてきました。

でも、何度もやっているうちに、ふと、「あれ？　もしかしたら、私にもできるかもしれないぞ!?」と思える瞬間がきます。そうなったらこっちのものです。そして実際にやってみると、できてしまう。私はそんな体験を何度もしました。

つまり、あなたの人生は、あなたが自分自身をどう思っているのかで決まるのです。

このとき、何をするにもついてまわるのがセルフイメージです。セルフイメージが高ければ、新しいことにも不安を感じずにどんどんチャレンジできますし、それで自信がつけば、勇気を持って行動することができて、どんどんチャンスをつかむことができるのです。

次項から、あなたのセルフイメージを爆上げする方法をお伝えしますね。

1 2 3 months

自分の欲に正直になる！

「人生にもっと欲を持ちましょう！」。そう言われたら、あなたはどう感じますか？「え。。。欲だなんて、なんだかはしたない感じがする」、そう思われるでしょうか。

親から、「つつましやかに、多くを望まずに生きなさい」と、子どもの頃から言われてきた方もいらっしゃるでしょう。私自身がそうでした。平凡なサラリーマン家庭で育った私は、「普通がいちばん」「平凡がいちばん幸せ」と、母からさんざん聞かされて育ちました。

小学4年生のとき、同じクラスで仲良しだったYちゃんのお家はとてもお金持ちでした。遊びに行くとおやつがとっても豪華で、私はYちゃんのお家で食べられる豪華なおやつが楽しみで、しょっちゅう遊びに行っていました。

今思うと相当なお嬢様だったのでしょう。Yちゃんは学校に着てくる洋服だって見るからに高そうでしたし、しかも、同じ服を見たことがありませんでした。そのうえ、Yちゃんは家に帰るとお着替えをするんです。

それが羨《うらや》ましくて羨ましくて、母に新しい洋服をねだったことがあります。今でもそのときにねだった、胸元のポッケにウサギのついたピンクのカーディガンを覚えています。でも、そのとき母が言った一言は、「うちはサラリーマンなんだから、そんなにしょっちゅう服なんて買えないからね」でした。

その返事を聞いた私は、ものすごく切なくて悲しい気持ちになり、「私は欲しいものがあってもお金がないから買えないんだ、欲しいって思っちゃいけないんだ」と強く思ったものです。

このときの記憶は心に刻み込まれて、ずっと鮮明に残っていました。だから、社会人になったとき、「これで自分が稼いだお金で好きなものが買える!」と、とても嬉しかったものです。

といっても、もちろん、「これくらいまでなら買ってもいいかな」という、自分なりのルールは決めていました。ものすごく欲しい洋服があっても、「これは高すぎるから、今はこれくらいにしておこう」というふうに、値段を気にしてラインを引き、いつもセーブしていました。

……今の私からは想像できないですが（笑）。

会社員を辞めて、自己啓発をいろいろと学び始めてから、ある女性経営者の方とお話する機会がありました。全身CHANELに身を固め、自信に満ちあふれたオーラの、すごく素敵な方でした。

「欲を持ちなさい。欲がない人生なんて本当につまらない。自分の中にある欲を大切にして、その欲を育てなさい。欲があるのは健康な証拠！」と、上品なのにものすごくエネルギッシュな方で、私はこの言葉にとても衝撃を受けました。

欲を持ってもいいんだ！ いや、むしろ欲はあるほうがいいんだ‼ そうか、欲があれば人生は楽しいんだ‼

目からウロコみたいな衝撃で、私はドキドキしながら憧れのCHANELへ行き、いつかこのバッグを買うぞ！ と心に誓ったのです。

欲は夢を叶えるためのガソリン！

それからというもの、私は自分の欲望にすごく素直になりました。

「いつかこんな車に乗りたい!」

「素敵な家に住みたい!」

「大好きなCHANELのバッグや財布を躊躇《ちゅうちょ》なくバンバン買えるようになりたい!」

「海外旅行にはビジネスクラスで毎年2回は行きたい!」

ここに書き切れませんが、出るわ、出るわ、今まで抑えてきた私の欲望が堰《せき》を切ったようにあふれてきたのです。そして私は、まるで水を得た魚のようにウキウキ、ワクワクし始めました。


それまで随分と自分の感情を抑えていたんだなぁ、と思います。

もちろん、最初から欲しいものがバンバン買えたわけでもないですし、望むチャンスがどんどん舞い込んできたわけでもありません。

でも、自分自身に「欲を持っていいんだよ!!」って許可を出したとき、私の中で「パチン!」と何かが弾ける音がしました。そして、自分が望む人生を送るためには、「お金を稼がないと!」と思うようになり、ここでまたもう一つ、スイッチがパチンと入ったのです。

私の周りの幸せな成功者は、皆さん欲を持っています。欲を持つことでエネルギーが湧き、それが行動する力になるのです。

欲は決して悪いものではありません。欲は夢を叶えるためのガソリンになります。より良い人生を生きるための活力なのです！

一度きりの人生です。まずはあなたの欲を素直に認めることから始めましょう！

↓

あなたの中の欲望をどんどん出そう！
そして大切にしよう！

あなたの欲望を書き出してみましょう！

1
2
3
months

自分を過小評価するのをやめる

自分の欲をどんどん書き出していくことで夢が広がり、こんなふうになりたいなぁ！と、望む未来を描くことができましたか？

この作業はとても楽しいので、ぜひワクワクしながら行ってほしいと思います。

ただ、ここでふと我に返り、「とはいえ、今の自分ではこんな夢、到底叶わないよ……」と落胆してしまう方もいらっしゃると思います。

以前の私もそうでした。「起業してバリバリ稼ぐぞ！　私は成功者になるんだ！」と、意気揚々と〝なりたい自分〟をイメージしても、すぐさま、「いや、でも、私なんてたいした学校も出てないし、勉強は苦手だったし、人に自慢できるような特技なんて何もないしな」と、自分の中の〝できていない、やれていない部分〟を次々と思い出してしまうのです。

こうなると、夢と希望で大きく膨らんだバルーンも一気に空気が抜けて、ぺしゃんここになってしまいます。

これはどうしてでしょうか？　実は脳の働きに関係があります。

人は無意識でいると80％はネガティブなことを考えてしまうと言われています。自分にないものばかりが目につき、次々に過去のマイナスな記憶を芋づる式に引っ張り出してきてしまうのです。

たとえば何か新たにやりたいことを思い浮かべたとき、すぐに過去の自分の記憶を引っ張り出してきて、「あのとき、うまくいかなかったからな」とか、「以前、いくら学んでも、結局は理解できなかったし、きっと自分には向いていないんだ……」などと理由をつけて、あきらめてしまうんです。

そうして、せっかくやる気になっていたというのに、自分をどんどん過小評価して、まだ手をつけてもいないのに、その夢を手放してしまうのです。これは非常にもったいないことです。

小さな成功体験を思い出す

確かに、過去の記憶が邪魔をすることはあります。

かつて挑戦してみたけれどうまくいかなかったことは、私も星の数ほどあります。でも、うまくいった経験だって、たくさんあるはずなのです！　コーチングでいうところの「成功体験」です。試しに、これまであなたがうまくできたことを、たくさん思い出してみてください。どんなに小さなことでもかまいません。

私は以前、この「過去にさかのぼって、うまくいったことを思い出す」ワークにチャレンジしたとき、本当に小さなことをいっぱい思い出しました。

たとえば、バイト先で美しくサンドイッチがつくれたこと、ソフトクリームを傾けずにまっすぐに絞り出せたこと、レジ打ちが誰よりも早くできたこと、免許を取ってすぐに、車庫入れがまっすぐにできたこと……。

こうして書いてみると実にくだらないことのようですが、当時を振り返ると、どれも必死に練習して、ようやくできるようになったことばかりです。

あなたはこれまで、たくさんのことに挑戦してきたはずです。初めて補助輪なしで自転車に乗れたこと、初めて一人でお使いに行けたこと、初めて授業で発言できたこと……これだって立派な成功体験です。そのときはきっと心臓がどきどきしながら、「できるかな、やれるかな」と思いながら挑戦したはずだからです。

だから、あなたはできるのです。できないはずはないのです。

潜在意識は「大小」の区別がつかない

ここで潜在意識について少しだけ説明しましょう。潜在意識はものごとの「大きい」「小さい」という区別がつきません。つまり、どんなに大きな成功体験でも、あるいは小さな成功体験でも、潜在意識にとっては「成功した」という同じ意味の記憶になるのです。

ですから、ここ最近の成功体験が思い出せないという方は、今すぐに小さなチャレンジをしてみてください。たとえば、「明日は今日より10分早く起きて、玄関を掃除する」あるいは「キッチンのシンクを磨く」、「いつもより5分早く出社してデスク周りを片付ける」とか「自分から挨拶をする」、「出かける前に、スクワットを10回してみる」とか「本を10ページ読む」……。

何でもいいのです。今まで「やろうと思っていたけど、やらずにいたこと」に、小さな一歩を踏み出してみる。そして実践できたら、その体験に名前をつけて、あなたの「成功体験フォルダ」にどんどん保存してください。上書き保存ではなく、すべての体験に名前をつけて保存していくのがポイントです。

そのフォルダはいつしかいっぱいになって、チャレンジするたくさんの勇気を、あなたは身につけているでしょう！

私はこれを「毎日1チャレンジ！」と名づけて、いろんなチャレンジをしてきました。本当に小さなことで良くて、「今日はいつもと違う道を歩いていみよう」とか、「今日は外出先から、カーナビを使わずに家まで帰ってみる」とか、「今日は電車に乗るとき、駅員さんに必ず挨拶をする」、「今日はエスカレーターは使わずに、移動はすべて階段を使う」などなど。

こんなのチャレンジと言っていいの？　というくらいの小さなもので良いのです。どんなに小さい成功体験でも、大小を区別できない潜在意識の特性を利用して、どんどん「成功体験フォルダ」に書き込んでいってください。

そして、時々フォルダの中を振り返ってみてほしいのです。「私、毎日めっちゃチャレンジしてるわ！」「私、毎日成功体験積みまくってるわ!!」と、自分で自分を褒めていくことで、あなたの自信ができあがっていきます。

「毎日1チャレンジ」は今すぐできるオススメのワークです！

ぜひ今日から1カ月間、「毎日1チャレンジ」を心がけてみてください。そして自信を積み上げていってくださいね。

↓

日々の小さな成功体験はすべて宝物。名前をつけて保存しよう！

1 2 3 months

「すでにできたつもり」で、メンタルリハーサルをする

尊敬するメンターの一人、アメリカのトップコーチ、リー・ミルティア氏の教えに「できないうちはできているふりをしなさい」、というものがあります。私の大好きな教えです。これ、とってもシンプルですが、実際にやってみると、ものすごくパワフルに人生を変えてくれるのです。私はこの「できているふりをする」のがうまくなった頃から、周りからの評価がぐんぐん変わっていったんです。「キラキラしてますね」とか、「タエさんはいつも笑顔でとても素敵ですね」「オーラがハンパないですね」などと、ありがたいことに、たくさんの方から言われるようになりました。

セミナー講師になったつもりで一人リハーサル

当時の私は、まだお客さんも全然いないのに、自分を「売れっ子セラピスト」の設

定にしていました。そして、いつかセミナーでたくさんの参加者の前で話をしてみたいと思っていましたから、家の誰もいないリビングで、実際にセミナーを開催しているつもりになって、「皆さんこんにちは！　TAEです。今日はセミナーにご参加いただき、ありがとうございますっ！」なんて一人リハーサルをしてみたり、車を運転しながら、身振り手振りつきでスピーチの練習をしてみたりしていました。

傍から見ると完全に危ない人です（笑）。

自分はすでに成功しているんだ!!　私は成功者なんだ！　と、毎日何度も何度も自分に言い聞かせていました。

それでも、リビングで一人芝居をしているときは、何とも言えないビミョーな気持ちになりました。毎日毎日できたふりをしていても、私の潜在意識は、「まだなってないじゃん。こんな田舎に住んでいながら何やってんだよ。こんなこと意味があるの？」などと、厳しい言葉をかけてくることもありました。そうです。**潜在意識は実のところ、現状維持が大好きなんです。**

ですから、まず最初に、潜在意識に「できたふり」の自分のことを納得させて味方につけるのが、ちょっと難しかったりしますよね。でも、この最初の障害さえ乗り超えてしまえば、後はもう簡単なんです。

潜在意識に、「私は本当に変わりたい。私は本当に変化したいと思っているの。そのために一生懸命努力するよ。未知のことにも勇気を持ってチャレンジする！　だから応援してほしい」。こんなふうに日々言い聞かせていると、潜在意識はあなたを応援してくれるようになります。

私もずいぶんこの潜在意識には苦労させられました。「何一つ実績もないじゃん」「そんな無理することないじゃん」「頑張らなくたっていいんだよ？」「今のままで十分幸せじゃないか！」。こんな言葉で、潜在意識は何度も何度も現実に引き戻そうとするんです。だからこそ、毎日毎日自分で自分を自己洗脳していくんです。少しずつ、少しずつ潜在意識に語りかけていくんです。

自己洗脳とは、もちろんいい意味で、です。とにかく何度も現実に引き戻されながらも、「私はこれぐらいできて当たり前だって。できないわけないじゃん」と、毎日ひたすら自分に言い聞かせていました。

ホテル王のヒルトンには、有名な逸話があります。記者から、「なぜベルボーイだったあなたが、ホテル王になり、ここまで成功できたと思いますか?」と聞かれ、「ベルボーイが成功してホテル王になったのではない。ホテル王がベルボーイから始めたんだ」と答えたのです。

そうです、ヒルトンはずっと自分がホテル王として大成功するというイメージを持ち、ベルボーイの頃からホテル王として振る舞っていたんですね。

あなたもぜひ、自分が望む自分に、もうすでになったふりをしてください。3カ月後に望む自分の未来を思い描き、今この瞬間から、それがもう叶ったかのように振る舞ってほしいんです。最初からうまくできなくても大丈夫。まず練習、練習です!

誰も見ていませんから、一人の世界にどっぷり浸かってくださいね。

これこそが、メンタルリハーサルなのです。自分の迷いや不安を打ち消し、心から望む自分の姿だけを思い描いて、日々リハーサルを重ねていきましょう!

↓

今この瞬間から、すでに夢が叶った自分として振る舞おう!

あなたは3カ月後、どうなっていたいですか？

セルフイメージを上げる方法①

鏡の前で望む未来を引き寄せる!

まず質問です。あなたは1日に何回鏡を見ますか?

朝起きて顔を洗ったら、鏡を見ますよね? そのときに私が長年ずっとやっているワークがあります。鏡に映った自分自身を、最高のスマイルで見るんです。

わぁ、ステキな笑顔ですね!!

もっと笑ってみてください! 口角をギューッと上げて! にっこり笑って歯も見せてくださいね。そして鏡に映ったあなたに、エールを送ってください。

「○○ちゃん、今日も生き生きしていていいね! 最高だよ!」

「○○ならできるよ! やれるよ! 絶対に大丈夫だよ!」

「今日も私は絶好調だ! 身体も心も超元気!!」

最高の笑顔で、こんなふうに声に出して言ってみてください。

あなたの言葉は、あなた自身がもっともよく聞いていますよね？ これを朝いちばんに言うことによって、あなたのセルフイメージはグンと上がります。これはYouTubeでも公開していますが、ものすごくパワフルにセルフイメージを上げてくれるんですよ！

なりたい自分、望む未来を言葉にするのもいいですし、何より最高のスマイルを自分自身に浴びさせること！ これが大切です。

嬉しいことや楽しいことがあるから笑うのではなく、笑うから良いことが引き寄せられるのです。外出先やオフィスのトイレを出るときも、鏡があったらそのたびに微

笑んでみましょう! スマイルを日々磨くのです。スマイルは磨けば磨くほど、輝いていきます。でも、さすがにオフィスのトイレで「〇〇ちゃん、最高だよ!!」とは言えないと思いますから、そのときは心の中で言ってくださいね。

毎朝、最高の笑顔と最高のエールを自分自身に送ることで、セルフイメージはどんどん上がっていきます。私は毎朝、これを何年もやっていますし、ことあるごとに、自分に対してエールを送っています。

笑顔が幸せを運ぶ

日々の生活の中で、あぁ、もう無理かも。なかなかうまくいかないなぁ……と思うことはあります。たとえば、YouTubeのチャンネル登録数が思うように伸びなくて、「こんなに大変なら、もうやめようかな」って、思ったこともあるんです。

でも、私のチャンネルを見て、「元気が出た!」「とても勉強になった!」と言ってくださる方がいて、そんな声に助けられて続けられています。そんなときは「大丈夫だよ! もっとうまくいく方法がある!」「絶対に登録者1万人いくよ! マイペースでいいから、とにかく楽しんで続けていこう!」と、自分で自分にエールを送っているのです。

そして、私は「どんなにつらいことがあっても、笑顔だけは忘れない」と心に決めています。**笑顔が幸せを連れてくる、笑顔が望む未来を運んでくれるからです。**

朝いちばんのスマイルとエールが習慣になってきたら、鏡を見るたびに微笑んで、あなたのとびっきりのスマイルを磨いてくださいね。

笑顔のあなたはとっても素敵ですよ！　笑顔で幸せをどんどん引き寄せましょう！

そうすることで、望むチャンスがどんどんあなたのもとへやってきます。

↓

鏡を見るたびに、最高の笑顔で微笑んでみよう！

セルフイメージを上げる方法②

姿勢を正そう、胸を張ろう!

セルフイメージを上げるもっとも簡単な方法は、ズバリ姿勢を良くすることです。そんな簡単なことで? と思われるかもしれませんが、世界ナンバーワンコーチのアンソニー・ロビンズ氏がいつも、「セルフイメージを上げるために胸を張りなさい!」とおっしゃっています。これは本当に簡単で、即効性があります。

背筋をピンと伸ばして、胸を張り、今より視線を2センチほど上げてみてください。肩の力を抜き、首を長くしてみてください。そして、口角をキュッと上げて、「私は自分に自信がありません……」と言ってみてください。

なんだか違和感がありませんか?

それでは次に、この姿勢のまままもう気持ち胸を張って、さらに口角を上げて、「私は自分に自信があります」と言ってみてください。

——どうでしたか？　先ほどとは、まったく違う感覚があると思います。

ふと自信を失ったときや焦りを感じたとき、自分の夢や目標が叶わないなぁ、とモチベーションが下がったときは、ぜひこの姿勢を思い出してみてください。

「エイエイオー！」のポーズをする

そして、おまけにもう一つ。もっと気合を入れたいときは、この姿勢でまずスマイルをつくったら、右手をグーにして、そのまま腕を高く振り上げてみてください。「エイエイオー！」のポーズです。朝、鏡の前でこのポーズをするのもオススメですよ。

フィジカルから変えていくことで、あなたのセルフイメージがどんどん上がっていきます！　下を見ず、上を見上げて背筋を伸ばしましょう！　下を見ても、何も落ちていませんよ（笑）。

今日からは、気がついたら胸を張って姿勢を良くする！　と意識してくださいね。

↓

胸を張って姿勢を良くするだけで、セルフイメージが上がる

セルフイメージを上げる方法③

プライベートビクトリーで小さな習慣から変える

今すぐセルフイメージをどんどんアップできる、プライベートビクトリーというワークをご紹介します。これは、「私たち自身がコントロールできる領域を日頃から見直して、それを修正していくことで、なりたい自分にどんどん近づく」というワークです。ぜひこれを習慣にして、望む人生へとステップアップしていきましょう！

プライベートビクトリーのやり方は簡単です。まずは次の四つの項目について、今の自分を自己採点してみてください。10点満点中、何点でしょうか？

①見た目
②健康状態

③環境
④人間関係

たとえば、①の「見た目」について。

私は去年のロックダウンのとき、家で食べてばかりで一時期すごく太りました。外に出られないストレスで、楽しみといえば美味しいものを食べることと、美味しいお酒を飲むこと（笑）。毎日美味しいデリバリーを探し、お寿司だ焼肉だ、ケーキだ、シャンパンだ、とやっていたのですから、太らないほうがおかしいのです。妊娠初期時代より体重が増えて、顔もパンパン。今はピークの頃よりだいぶましになりましたが、まだ自分の求める理想までは達していません。

ですから、ここは10点満点中7点と採点します。

採点するときに気をつけてほしいのは、人は自分の欠けている部分にフォーカスする癖があるので、「あぁ、私は全然だめだ。太ってるし、肌が荒れてる。小じわも出てきた」などと、ついマイナス面に目を向けがちです、

でも、そうではなくて、**今できている部分や良い部分をまず見てあげてください。**

「まぁ、ちょっと太ってしまったけど、お肌にハリはあるよね」「お尻は筋トレしてるから、前より引き締まってきたな」「二の腕は餅みたいにプルプルしてるけど、腹筋は少しついてきたよね」という具合です。くれぐれも、できていないところばかりを探さずに、できている部分、満足している部分を先に見てくださいね。

では、今のこの状態から少しでも点数を上げるためには、何ができるのかな？と、あなたが改善できることを見つけてください。それをすぐに行動へ移していくことがいちばん大切なのです。

ここでのポイントは、「すぐにできる簡単なことから始める」こと。

私の場合は、2分プランクを朝・昼毎日やること、お酒は週に2日までにする、という本当に小さなことから始めました。

同じようにして「健康状態」も見ていきます。一言で健康状態といっても、食生活や運動、睡眠、いろんな切り口がありますから、あくまでも、あなたの視点で見てくださいね。「環境」は、自分でコントロールできる自宅や自分の部屋の状態、「人間関係」は普段お付き合いしている人たちについて、です。

繰り返し見直すことで、大きく人生が変わる

1カ月に一度、プライベートビクトリーのどこをどう良くしていきたいのかを決めます。そして1週間ごとに見直して、良くできた部分、あまりできなかった部分はどこかをチェックします。

このプライベートビクトリーを実践することによって、「今の自分に、少しでも改善できる部分はあるかな?」と日頃から生活習慣を見直すことができるようになり、驚くほど人生が変わった! というクライアント様が数多くいらっしゃいます。

あるクライアント様は、プライベートビクトリーを意識し始めてからというもの、長年実行できなかったダイエット魂に火がつき、1年で無理なく10キロ痩せました。これまでどんなダイエットも続かなかったのに、プライベートビクトリーを毎週見直していくだけで、自然と無理なく痩せられた! と大喜び。もはや別人レベルに痩せて、久しぶりに会う方に気づいてもらえないこともあるそうです。

またあるクライアント様からは、部屋が片付けられないことで長年悩んでいたのに、プライベートビクトリーを実践するようになってから、不用品をすべて処分して、物を半分ほど減らした、というご報告もいただきました。

あんなに片付けられなかったのに、驚くほど部屋が整理できて、家族全員がご機嫌で過ごせるようになり、家族仲もさらに良くなって、さらには望む仕事がどんどん入ってくるように！　人生まるごと良いことづくめとのことです。

大きな視点で見ることも大事ですが、まずは自分でコントロールできる部分を日々意識しながら少しずつ改善していくと、大きな自信になるのです。

気づいたときには、「あれ？　自分、何か変わったわ！」、そう実感できます。

プライベートビクトリーを続けることで自然とライフスタイルが変わり、望む未来へと近づいていきますよ。

↓
プライベートビクトリーに挑戦して、自分でコントロールできる領域を増やそう

あなたの現在は、何点ですか？

①見た目

②健康状態

③環境

④人間関係

賞味期限切れの古い思い込みは、さっさと手放す

人は誰でも、「自分は○○な人間だ」というセルフイメージを持っています。この「○○」に入る言葉が、あなたが自分自身に抱いているセルフイメージなのです。人は思ったような人間になりますから（というより、自分が思ったような人間にしかなれないのですが）、あなたが思う「○○」に入る言葉が、自分の望む未来から遠いものであるなら、今日からすぐに改善していきましょう！

たとえば、「多くの人に影響力を持ち、リーダーシップをとりながら活躍したい！」という夢があるのに、〝自分は控えめでなかなか自分の意見が言えず、つい他人に合わせてしまう〟というセルフイメージだとしたら、その夢はちょっと厳しいでしょう。

「好きなことで起業してお金を稼ぎ、念願のマイホームを建てて、家族と自由に暮らしたい！」という夢があるのに、〝挑戦とか新たに行動するのって億劫《おっくう》だし、怖いなぁ。

大きなことを決断するのは苦手〟というセルフイメージだとすると、やはりこれも難しいですね。

せっかく夢があるのに、やりたいことがあるのに、セルフイメージが低いとそれに引っ張られて、挑戦する前からあきらめてしまうことになります。どうせ自分には無理だ、できない、続かない、と夢を放棄してしまうのです。

子どもの頃に言われたことが、刷り込まれていないか

ここでハッキリさせましょう。**まず、セルフイメージはあなたの思い込みです。あなたにとって良い思い込みならいいのですが、マイナスなものの場合は、早急にその間違った思い込みを手放していく必要があります。**

なぜならその思い込みは、過去にたまたま起きた出来事で感じたことや、以前、あなたが親や先生から言われたことを素直に信じてしまい、その結果、つくり上げたものだからです。

たとえば子どもの頃、「あなたは本当に物事をよく考えられる子だね!」と言われたら、〝自分は物事をしっかり考える子だ〟というセルフイメージを持つでしょう。

私は子どもの頃から、「機関銃の口だねぇ。本当によくしゃべる子だ」と言われてきました。祖母からも、「たえちゃんはホントよーおしゃべりするねぇ。おしゃべりだから将来はアナウンサーになったらいいんじゃないの？」と言われたりしていました。ですから私は、〝とにかくよくしゃべる、おしゃべりなんだ〟というセルフイメージがあります。

おしゃべりなのは自分にとって悪い刷り込みではありませんでしたが、その一方で良くない刷り込みもあります。それは、「あんたは本当に不器用だね！」です。

確かに私は手先がすごく不器用で、中学の家庭科の授業では、課題に出されたスカートやエプロンを、すべて器用な友達に縫ってもらっていました。

今だから言えますが、高校生のとき付き合っていた彼に、「クリスマスに手編みのマフラーが欲しい」と言われ、「わかった！」と元気よく答えて、頑張ってみよう！と思ったものの、基本の編み方もよくわからず、挙句の果てには毛糸が絡まりまくって途方に暮れ、これまた器用なお友達につくってもらいました。

器用な友達って本当にありがたいですね♡

そんなわけで今でも縫いものは大嫌いですし、娘に「ママ、編み込みして〜」と言われても、「ごめん。ママは三つ編みが精一杯だから、編み込みは○○ちゃんのママにお願いしようか!」と答える始末です(笑)。

これは、「あなたは不器用」とずっと言われ続けてきたので、〝私は不器用だから細かい作業は向いていない〟というセルフイメージが、私の中で確固たるものになってしまっているんですね。

でも、不器用で困ることは、生きていくうえでさほど多くはありません。できないことは誰かにお願いすればいいいからです。

けれど、親や先生、周りの大人から言われ続けた刷り込みが、あなたの人生をマイナスに向けてしまうなら、そんな思い込みは一刻も早く手放してほしいのです。

自分の容姿に自信が持てない女性

数カ月前、セッションを受けに来られた女性がいました。親からずっと、「あんたはブスだ、ブスだ」と言われ続けてきたそうです。それで自分の外見に自信が持てず、いつも髪の毛で顔を隠してきたとか。「だから、笑えないんです」と言うのです。仕事はずっと工場勤務で、誰とも話さない職場ばかりを選んできた。でも最近、やりたい仕事ができて、なんとか自分を変えたい。このままでは面接にも行けない……。

私の本を読まれて、勇気を出して相談に来てくださったのです。

でも、その方は、どう見てもチャーミングなんですよ。涼しげでキリッとした目元で、まつげがびっしり。瞳がとても綺麗でした。

私は彼女に、まずは毎日、鏡を見て微笑む練習から始めてください、と伝えました。それから、自分に対して言われたら嬉しい言葉を10個書き出してくださいと言いました。

でも、出てきません。「自分なんて、私なんて……」と言うばかりで、なかなか出てこない。それでもセッションで時間をかけていくと、彼女が言ってほしい言葉、言われたら嬉しい言葉が少しずつ出てくるようになりました。その言葉を、鏡の中の自分自身に対しても言えるようになっていきました。

回を重ねるにつれ、最初は硬かった表情もどんどん明るくなりました。最初は私が褒めても、「いいえ、そんなことはないです」と謙遜《けんそん》ばかりしていた彼女が、最後には「ありがとうございます。嬉しいです」と言えるようになったのです。

そこで彼女に、「スマホで自撮りをしてみてください」と言いました。自撮りは誰に見せるわけでもないけど、笑顔の練習になるから！ と。それでも彼女は、「誰に見せるわけじゃなくても照れちゃうし、ポーズをとって笑顔なんて、できません」と言っていましたが、それも何度かやりとりする中でできるようになりました。

今ではアプリ加工してオシャレな自撮りを楽しむようになり、すっかり明るくなって、人が変わったようです。

ちなみに、この自撮りのワークは、その後何人かの「自分に自信が持てない」「笑顔がつくれない」とおっしゃる女性のクライアント様にも試してもらいました。その効果は絶大で、皆さん、ものすごくセルフイメージが高まって、自信がつくようです。とても気楽にできる簡単な方法なのに、これほど効果があるなんて。私も驚きです。

アプリの可愛い自撮り写真で元気になる！

普段、SNSにはアプリで撮った写真を載せていますが、最近のアプリは本当に優秀で、スッピンで写しても、とっても可愛く撮れるんですよね。

日によって、鏡の中の自分が、あぁ、疲れた顔してるなとか、顔がむくんでてブサイクだなって、思うことがあります。そういうとき、私はアプリで写真を撮って、「お、そんなことないじゃん！　可愛いじゃん？」と思うようにしています。

先日、一緒にアプリで写真を撮った友人が、「なんだか、この写真だとすごく可愛いけどなぁ、実際は……」と言うので、「え？　実物もこれと変わらないよ！　まったく変わらない!!」と言って、二人で大笑いしました。

自分に都合の良い思い込みを増やすことでセルフイメージは上がります。この「自分にとって都合の良い」がポイントです！　いいんです、あなたにとって都合の良い思い込みをたくさん増やすことで、人生はより良く変わるんですから。誰にも迷惑はかけていませんよ。

もし、あなたが昔、誰かにかけられた心ない言葉にひどく傷つけられて、今でもそれを引きずっているなら、「過去に、ちょっとした事故にあった」と思って、自分の力で自分を癒していきましょう。

あなたの持つパワーで、自分自身を癒すことは可能です。
あなた自身が幸せに感じる言葉、喜びを感じる言葉を、あなた自身にたっぷりかけて、思い込みを書き換えることだって可能なんです。

あなたの言葉が、あなた自身へのエールです。
愛のある言葉をあなた自身へたくさんかけてあげてくださいね。

↓

古い思い込みは、とっとと手放していこう

1 2 3 months

自分のご機嫌は自分でとる

ドイツの文豪、ゲーテはこう言いました。
「不機嫌とは大罪である」
そうです。不機嫌は罪なのです。

私は〝自分のご機嫌は自分でとる〟と決めています。これを他人に求めると、イライラしたりガッカリしたり、落胆して失望することになります。

そもそも〝他人にご機嫌をとってもらおう〟と考えること自体がおこがましいのです。**自分のご機嫌は自分でとるのが速いし簡単。なぜなら、すべて自分でコントロールできるからです。**

もちろん、私も最初からできたわけではありません。「自分で自分の人生を変える！自分で自分を幸せにするんだ！」と決意したときに、それまでいかに自分が他人や環境のせいにして、行動しなかったり、簡単にあきらめてしまっていたか、そこに気づいたのです。

生きていると嫌だな、面倒だな、って思うことは必ずありますし、他人から望まない扱いを受けたりすることだってあります。でも、それをいちいち、あの人が悪い、あの人のせいで自分が不幸だ、と言ったところで人生は何も変わりません。だからこそ、自分で自分をどうご機嫌にしていくのかを決めておき、それを毎日心がけることが大切です。

これは引き寄せを次々と起こしたり、チャンスが舞い込んでくるためにも、とっても大切なこと。**とにかく、毎日ご機嫌でいよう! 自分のご機嫌は自分がしっかりとるぞ! と決めるだけで、あなたの人生はこの瞬間から好転していきますよ!**

ご機嫌でいることで、まずあなた自身が出すエネルギー(波動や周波数といったもの)が良くなります。そして心に余裕ができて、自分自身だけでなく、他人にも優しく気配りができるようになります。自分に優しく、他人にも優しくすることでセルフイメージも上がりますから、望む引き寄せがどんどん起きちゃうんです!

日常生活の中で他人から嫌な思いをさせられたり、思うように物事が進まなかったりして、感情が乱れてしまうことは誰にでもありますよね？　そんなとき、そのイライラを引きずったり、怒りの感情を引きずったままでいると、もれなく嫌なことが次々と起きます！　これはあなたの出しているエネルギーと同じものが引き寄せられるからなんです。

不機嫌は、不快なことの連鎖をもたらす

以前、私はあえて実験をしたことがありました。今から2年ほど前のことです。ある駐車場に入ったのですが、満車だったんです。満車の表示が見にくくて、うっかり入ってしまったんですね。しかも狭い駐車場で、片側に車を寄せてどうしようかな……と考えていたら、そこで待っていた車の男性にひどい暴言を吐かれたんです。あえてここでは書きませんが、言われた言葉はハッキリ覚えています。

私は今でこそ感情のコントロールや気持ちの切り替えを習得して、日々ご機嫌で過ごすようにしていますが、もともとはとても気が短く、気性の荒いほうなんです。何しろ両親は熊本出身。私も熊本生まれなので、昔は「火の国の女だ」と恐れられていたものです（笑）。――ですから、性格って変えられるんですよ。

話を戻しますが、この駐車場で私は火の国の女の気性が出て、その男性に対する怒りがわなわなと湧いてきました。思わず怒鳴り返してやろうかと思いました。でもそのとき、後部座席には娘が座っていました。娘に万が一のことがあってはまずい。そこで冷静になり、「すみません」と頭を下げて駐車場を出ました。

普段なら嫌な気持ちをすぐリセットしますが、このときはちょっと実験をしてみたくなりました。その男性への強い怒りをずっと感じ続けていたらどうなるのか、あえてその感情を引きずることにしたのです。

すると不思議なことに、次々と嫌なことが起きたのです!! まず一方通行の道を逆走してしまい、向こうから猛烈にクラクションを鳴らされて、またもひどく怒鳴られました。さらには行く先々で駐車場が満杯で、お目当ての店に着くのに、いつもの何倍もの時間がかかりました。しかも予約をしていたのに、お店側のミスで30分以上待たされました。

私はこのとき確信したのです。やはり、怒りの感情やイライラした感情を引きずると、もれなく良くないことが立て続けに起きることを。

感情をコントロールできる術や、気持ちをすぐに切り替えられる術をたくさん用意しておくことは、あなたを不幸から守り、良いことを引き寄せます。あなたの人生をより良いものにしてくれるのです。

ご機嫌になれるものを用意しておく

私は日頃から、自分のご機嫌をとる引き出しをたくさん用意しているんです。たとえば、こんな感じです。

①甘いものを飲む・食べる

お気に入りのコーヒーに蜂蜜とミルクをたっぷり入れて、大好きな音楽を聴きながらゆったり飲むと気分が落ち着きます。最近はモンブランにはまりにはまっているので、何か嫌なことがあったとき、「モンブランを食べよう!」と思うと、すぐにご機嫌になることができます。

②スーパー銭湯に行く

私はスーパー銭湯が大好きで、よく自分へのご褒美に行っていました。温泉気分が楽しめるので、本当に大好きな場所です。ここシンガポールにもなんちゃってスーパー銭湯があるので、気分を味わいたいときには行くこともあります。もちろん、日帰りの温泉旅行に出かけるのもいいですね。

③寺社仏閣にお参りする

寺社仏閣にお参りすると心が落ち着きます。私も以前はしょっちゅう、いろんな神社へ行ってました。お参りするだけで心が洗われるので、大好きです。

④美しい自然にふれる

自然の美しい場所に出かけたりするのもいいですよね。大自然にふれるとたっぷりエネルギーチャージができます。

⑤ゆったりとお風呂に入る

ゆっくり湯舟につかったのはいつですか？　お子さんがいる方はなかなか難しいで

すよね。私は心がザワザワしたりイライラすると、お気に入りのバスソルトをたっぷり入れたり泡風呂にして、ゆったりとお風呂につかるようにしています。バスグッズも松竹梅とラインナップ！　とっておきのバスソルトはここぞというときに使います。

⑥好きなアーティストの動画を見る

これもその時々でマイブームがありますが、大ファンで尊敬しているＫＥＮＴＯさんの動画は見るだけでエネルギーが湧いてきます。現在ＮＹで活躍されている渡辺直美さんの動画はクオリティが高すぎて、見ているだけでワクワクして、やる気が出てきます。私ももっと頑張るぞ!!　って、前向きな気持ちになれるんです。

⑦気分転換用の本を用意しておく

私は気分が落ち込むと、むしょうに活字が読みたくなります。なので、気持ちの切り替え用の本も何冊か用意しています。

⑧アロマを活用する

香りはすぐに気持ちを切り替えられる、非常に優秀なアイテムです! 好きな香りをかぎながら深呼吸したり、お気に入りのアロマオイルでマッサージをしたりするのもオススメです。

こんなふうに気持ちが切り替えられるアイテムを、あなたもぜひたくさん用意しておいてくださいね。何か嫌な気持ちになったら、「今この気持ちを切り替えるには、何をいちばんしてほしい?」と自分に問いかけて、すぐに気分を切り替えていきましょう! **自分の気持ちをいたわることで、あなたのセルフイメージも上がりますし、エネルギーも上がるんですよ。**

↓

自分がご機嫌になれる方法を、いくつも用意しておく

気持ちを切り替える、あなたの方法を書き出してみよう！

勇気を出して交渉してみる

いつでも自分のご機嫌は自分でとり、つねに心地良い状態でいることが大切だというお話をしました。**そのためには、ときには思い切ってお願いしたり、交渉することも重要なんです。最善な状況を自分に与えるために。**

たとえばレストランを予約していて、案内された席が調理場のすぐ前の狭い席だったり、あるいは心地良さそうなソファー席が良かったのに、普通のテーブル席だったりした場合。以前の私だったら、あちらのソファー席がいいなぁ。あの広い席、空いてるのになぁ……と思っても、つい遠慮して何も言えませんでした。

でも今は、「あちらの奥の席は空いていませんか?」とか「あのソファー席に移動することはできますか?」と、必ず聞くようにしています。尋ねてみると、意外にあっさり「いいですよ」と希望する席に案内してもらえることが、けっこうあるんです。

また先日、シンガポールで大のお気に入りのもつ鍋屋さんに電話して予約をしようと思いました。でも、「この日はもう満席です」と言われてしまったんです。ですが、どうしても行きたかったので、「1時間半でお店を出ますから、どこか空いてる時間はありませんか？」と聞いてみました。すると、「その後でよければ、1時間半、空いてる席がありますよ」ということで、予約が取れたんです。

こんなふうにちょっとお願いしてみたり、交渉してみることで、自分が望んでいる状況へ身を置くことができて、自分自身がご機嫌でいられるようになります。

思い切ってお願いすると、叶うことが多い

こんなこともありました。私は大のウニ好きで、お寿司のウニも大好きですが、ウニパスタが最高に好きなんです。

あるとき、友人が見るからに濃厚で美味しそうなウニパスタをSNSにアップしていました!! あまりに美味しそうだったので、画像保存までしたくらいです。美味しいものには目がない私は、早速、やはりウニ好きの友達を誘って、意気揚々とそのお店に出かけました。

ところが、席についてメニューを開くと、ウニパスタがないではありませんか（汗）。

何度もメニューを引っくり返し、食い入るように見つめましたが、やはりウニパスタはありません。

店員さんに
「ウニパスタはありますか？」

と聞いてみると、

「あぁ、すみません。あのウニパスタはランチ限定のメニューなんですよ」

が――ん。。。ウニパスタが食べたくてわざわざ来たのに……。私はおもむろにスマホを開くと、保存してあったウニパスタの写メを見せ、店員さんに尋ねました。

「すみません、私ウニパスタが楽しみでここに来たんです。ランチ限定メニューって知らなくて……。無理なお願いですみませんが、ウニパスタ、注文できませんか？」

すると店員さんは厨房に聞きに行ってくださり、

「お客様、大丈夫です！　ご提供しますね！」

と言ってくださったんです。

友達は、「TAEちゃんすごいねぇ。そんなにウニパスタ食べたかったんだ！」と大笑いしていました。**でも、尋ねもしないで勝手にあきらめてしまうのって、もった**

いないと思いませんか？　勇気を出して聞いてみるだけで、残念な気分がサイコー!!に変わるんですから！

ぜひ、自分のご機嫌をとるために、ときには勇気を出して交渉してみてください。

そうすることで、あぁ、自分は自分の欲求にちゃんと耳を傾けているし、自分で望む状況に変えることができるんだ！　と思えて、自信になりますよ。

こうした体験を重ねていくことで、〝自分は自分の力で望む人生をつくり上げていくことができる〟と信じられるようになるんです。

↓

自分がご機嫌で過ごすために、思い切って交渉してみよう！

1 2 3 months

いつでもチャンスをつかむ勇気筋を鍛えよう!

人生を変えるためにぜひ今日から意識して鍛えてほしいのが「勇気筋」です。私が常日頃から大切にしている「愛と情熱」、これに「勇気」が加わったら、たいていのことにチャレンジできますし、たとえうまくいかないことがあって落ち込んだり凹んだりしても、起き上がりこぼしのように、何度だって立ち上がることができます。

あなたにはこんな経験がありませんか? 憧れの講師のセミナーに参加して、最後に質疑応答の時間があり、憧れていたあの人と直接会話ができる大チャンス! 手をあげようか、あげまいか……と悩んでいる間に、次々と他の参加者の方が手をあげて、結局、自分は質問することができなかった。そのとき質問できた方は、セミナー終了後も憧れの講師とにこやかに話したり写真を撮ったりしてる。あぁ、なんであのときに勇気を持って手をあげなかったんだろう……。

上司から「次のプロジェクトリーダーを、ぜひ引き受けてもらいたい」と打診された。プロジェクトが成功すれば一気に昇進できるチャンス。それだけではなく、憧れの海外勤務にもぐんと近づける！　しかし、まだ自分はそのレベルに達していない。やってみたいけど、実績が浅い自分より、あの人のほうが適任ではないか……。こんなふうに自分を信じられない気持ちや不安が邪魔をして、せっかくのチャンスを断ってしまった。後になってから、なんであのときに思い切って、やります！　と言わなかったんだろう……と、後悔してしまう。

つい先日、まさにこのことをおっしゃっている方の動画を見ました。その方は全国に多数の美容院を展開されており、ご自身が経営されている店舗に出向いたとき、ある若手のスタッフに、今から撮影があるからと、ヘアセットをお願いしたそうです。

するとその若手スタッフは、「いや、まだ自分には早いので……」と断ってしまったそうです。そのとき、もし思い切ってセットをして、それを経営者が気に入ってくれたら? たくさんのお客さんを紹介してもらえたかもしれないし、その日の撮影現場で「そのセット、どこでされたのですか?」なんて会話から、「うちの○○店のスタッフにやってもらったんだよ。すごくいいよね、私も気に入ったよ」なんて話になって、思わぬ紹介がもらえたかもしれませんよね。

このように、ほんの少しの勇気があれば大きなチャンスにつながることって、日常生活の中でたくさん起きているのです。

私自身、過去の成功や転換期には、いつもこの「ほんのちょっとの勇気を出して飛び込んでみる」ことで、チャンスをものにしてきました。

私にできるかな? と戸惑う気持ちもわかりますが、あなたにお声がかかったということは、それはチャンスの女神さまがあなたに、「ぜひ、このチャンスをものにしてね!」と言ってくれているんですよ。ですから、これを読んでくださっているあなたは、今日からいつでもチャンスをものにできるように、勇気筋を鍛えてほしいと思います。

それでは、日常生活でできる「勇気筋の鍛え方」をいくつかご紹介しますね!

ぜひやりやすいものから取り入れてみてください。

①自分から笑顔で挨拶をする

明るく元気の良い挨拶は、勇気筋も鍛えつつ、運気も上げてくれる開運アクションです。きっとあなたも、日頃から挨拶をされていると思いますが、ここでお伝えするのは、**あえて知らない人に挨拶をしてみる！**　です。

私の母は昔から、朝、近所ですれ違う人みんなに、「おはようございます」と声をかけていました。幼心に不思議に思い、「なんで知らない人におはようございます、って言うの？」と聞いてみたことがあります。すると母は、「だって挨拶したら気持ちいいじゃない？」と答えてくれました。

けれど私は大人になるにつれて、知らない人に挨拶をするのはなんだか照れくさいし、相手もどう思うかなぁ……と、数年前までは自分から挨拶する習慣はなかったのですが、結婚を機に地方へ引っ越したことで、自分から挨拶するようになりました。挨拶を繰り返していると、最初は挨拶を返してくれなかった方も返してくれるようになり、そこから親しく話をするようになった方もいます。

シンガポールは、朝はいろんな人と気軽に挨拶を交わす文化があります。誰もが当たり前に、気軽に笑顔で挨拶を交わしていく習慣。それはとても気持ちがいいものです。誰にでも挨拶する私を見て、娘は当初、「ママ、あの人と友達なの?」と不思議そうにしていましたが、今では娘のほうが積極的に誰にでも話しかけていて、守衛の人と仲良くしていたり、先日はデパートの入り口に立っていたドアボーイに「そのスーツ、かっこいいね」と英語で伝えて、ちゃっかりナイス! というポーズをとっていたのにはさすがに吹き出してしまいました。

そうそう、余談ですが、中学の英語の授業で、「How are you?」と聞かれたら、「Fine Thank you and you?」と答えるとさんざん習いましたが(あなたもそう習いませんでしたか?・)、これって笑い話レベルにおかしな答え方だそうです。

ネイティブで、「Fine Thank you and you?」と答える人は一人もいないそうです。YouTubeでもおかしな日本人英語として紹介されていました。でも、長年の習慣とは怖いもので、私はシンガポールに来た頃、「How are you?」と聞かれると、もれなく「Fine Thank you and you?」と、毎回ご丁寧に返しておりました(笑)。

これ、返すだけでもちょっと長いので、伝えている間にその相手は私のもとから消えていることもしばしばありまして、ちょっと切ない気持ちに……。

では、どう答えるかというと、「Very good!」とか「Good! Thanks!」と笑顔でスマートに返すんです。ちなみに娘は毎回「Happy!」とスマイル全開で答えていて、子どもって本当に無邪気でいいなぁと微笑ましく見ています。

さて、話をもとに戻しますが、あなたが勇気を出して挨拶しても、もしかすると相手に無視されることがあるかもしれません。でも、その人も聞こえなかったのかもしれないし、自分に言われたのかどうか、わからなかったのかもしれません。だから気にせず、挨拶を続けましょう。たった一言の挨拶ですが、最初はちょっと勇気がいるものです。でも慣れてくると、自分から挨拶するって、ものすごく気持ちいいですよ！ぜひやってみてくださいね。

②ご馳走様でした！　プラス何か一言付け加えてみる

これも私が気に入っているワークの一つです。このワークを実践された方は、勇気筋も鍛えられるし、しかも良い気持ちになり、エネルギーも上がってくる！　と喜んでいただいています。

どういうワークかというと、レストランやカフェなどで、「ご馳走様でした」の後に、もう一言、「美味しかったです！」とか、「デザートが最高でした！」とか、何でもいいのですが、一言付け加えるというものです。あ、もちろん美味しくなかったりサービスが悪かったら、無理に言うことはありませんよ（笑）。

私はいつもお店で素敵なサービスを受けたり、グラブ（シンガポールでよく使うタクシーサービス）でスムーズなサービスを受けたら、必ず一言をプラスしてお礼を言うようにしています。

数年前に神田で毎月講座をしていたことがありました。講座を終えて、受講してくださっているYさんとご飯を食べに行こうという話になり、小綺麗なとんかつ屋さんがふと目につきました。そこにしよう！　となって、そのお店に入ったんです。

私は昔からとんかつが大好きでよく食べるんですけど、ここのとんかつが、もう最高にめちゃくちゃ美味しかったんです!!　サクサクの衣、ジューシーで柔らかいお肉。おまけにご飯もお味噌汁も美味しくって感動レベル。カウンターの奥には料理人の初老の男性と若い男性、そして奥様らしきご婦人が切り盛りされているお店でした。

お会計の際、そのご夫人に、「ご馳走さまでした！　カツとっても柔らかくてすごく美味しかったです!!」と伝えると、「まぁ、それは良かったです！　細いのに、全部召し上がられるか心配でした」と嬉しいことをおっしゃってくれました。「いえ、私はカツが大好きでよく食べるんですけど、本当に美味しかったです！　また来ますね！」と気持ち良くお店を後にしました。

すると一緒にいたYさんが、「TAEさん、すごいですね。お店の人にあんなふうにお礼を言うなんて。横で聞いててすごく心地良かった。これはコーチングでよく話している勇気づけにもつながりますよね！」と共感してくれました。それからYさんも、ことあるごとにお礼プラス一言を伝えてくれているそうです。

確かにこれも、ちょっと勇気のいることです。でも、ほんの少しの勇気を出してその一言を伝えることで、あなたの勇気筋はぐんぐん育つんです！　言われたほうも嬉しくなるはずです。ぜひ挑戦してみてくださいね。

③何か自分にできることはないか？　積極的にお声がけをする

これは「毎日1チャレンジ」にもつながることなのですが、「一日一善」活動を日々意識するというものです。

私は「一日十善」と名づけて、自分が社会に貢献できることを、1日に10個を目指してやるようにしています。たとえば、外出してトイレに行くたびに便座を拭いたりゴミを拾ったりするので、3〜4回の良い活動はあっという間にできちゃいます。

電車で席を譲ったり、ご年配の方が重そうな荷物を持っていたら「お手伝いしましょうか?」と声をかけたりします。ベビーカーを押している方にも声をかけます。

娘がまだ1〜2歳の頃はしょっちゅうベビーカーで移動していましたが、駅によっては階段しかないところがありました。何度大きなため息をついたかわかりません。

大きなマザーズバッグを肩からかけたまま、娘が乗ったベビーカーを持ち上げて階段を上り下りしたことが何度もあります。でもそんなとき、通りかかった方が手伝ってくださることもありました。若い女性がベビーカーを担いでくれたり、自分の母親くらいの方が手伝ってくださったこともあります。たくさんたくさん助けてもらいました。ですから私もベビーカーを押している方や、小さなお子さんの手を引きながら大きな荷物を持っている方には、どんどん声をかけます。

以前、満員電車で気分が悪そうな女子学生がいました。貧血を起こしたようでふらふらしています。でも、座っている方はみんなスマホに夢中。そのうち女性が倒れそうになり、私は彼女をかばいながら、「すみません！　どなたか席を譲ってください！」って叫びました。

自分ができることはどんどん声をかけて、助けたり、お手伝いしましょう。

どんな小さなことでもいいんです。道に落ちているゴミを拾ったり、旅先で靴をそろえたり、エレベーターのドアを閉める前にもう一度周りを見渡して、乗って来られる方を少し待ってあげたり。「一日十善」を目指して毎日を過ごしていきましょう。

これを積み重ねることで、世の中に貢献している喜びで満たされて、セルフイメージも上がり、それと同時に勇気筋もどんどん鍛えられていくのです。

↓

勇気を出して小さなことを積み重ね、勇気筋を鍛えよう！

1 2 3 months

成功者の9割は読書を習慣化している!

「読書をたくさんする人は年収が高い」――こんな話を聞いたことはありませんか? 実際はどうなのでしょうか? 私の周りの成功者は、確かに本好きが多いです。読書と年収に関してはいろいろなデータがありますが、年収が高い人は、低い人に比べて読書量が多い(だいたい2〜3倍)というデータがあります。

読書というと、「勉強」とか「難しい」といった認識の方もいらっしゃるかもしれませんが、私にとって読書は、知的好奇心を満たす娯楽、気分転換、自己啓発といったものです。

一時期は活字中毒になり、毎日1冊本を読んでいました。移動中もずっと本を読み、寝る時間を削って本を読む。いろいろな考え方や生き方にふれることができて、いつでもどこでも学べる読書って、素晴らしいと思うのです。

オーディオブックや要約チャンネルもある

自己啓発のセミナーは、数万円から数十万円、中には数百万円かかるものもありますが、本ならせいぜい数千円です。私はたくさんの本を読み、自分の人生を大きく変えてきました。

中でもナポレオン・ヒル氏の『思考は現実化する』（きこ書房）、デール・カーネギー氏の『人を動かす』（創元社）、スティーブン・R・コヴィー氏の『七つの習慣』（キングベアー出版）、これらはビジネスマンなら読んでおいて損はない鉄板といえる本ですが、本当に素晴らしい叡智がつまっています。

本を読むのはなかなか大変……という方にはオーディオブックといって、本を聞き流せるものもあります。

また、最近では本の要約チャンネルを開設するユーチューバーさんも多くて、分厚い本を10分でわかりやすく説明してくれるチャンネルもありますから、動画を見て自分に合いそうな本を試されてみるといいかもしれません。

本を読むことで間違いなく人生は豊かになります。たった1冊の本との出会いが心を動かし、人生を変えてくれることもあるのです。

ぜひ、少しずつでも読書を習慣化してほしいと思います。

↓

1日10分でもいい。読書を習慣化しよう

1日5分でも効果が！「運」を「動かす」最強習慣

もう一つ、人生を変えてくれる習慣は「運動」です。運を動かす、と書いて「運動」。運気を上げるためにも、運動は最高!! 運が停滞していたり、なんだか最近良いことがないなーと思ったら、ぜひ運動に注目してほしいと思います。

私はシンガポールに移住する前は、横浜に住んでいました。自宅は最寄り駅から徒歩3分という便利な立地で、駅に直結してジムがありました。運動することの大切さはもちろん知っていましたから、ジムに入会はしたものの、忙しさを言い訳にして、全然通いませんでした。週に一度も行かないことも……。

運動することの大切さは知っていても、優先順位が低かったんですね。

シンガポールで住んでいるコンドミニアムにはジムがあり、当然ながら思い立ったらすぐに行ける環境です。さぁ、今度こそジムに通う習慣を身につけよう！　と、朝娘を送り出したら、そのままジムへ直行。それが3日続くと、なんとも言えない爽快感なのです。それからは、行けるときはジムへ、行けないときは家で軽く筋トレをするようになりました。

運動は気持ちの切り替えにも効果的

運動がもたらす素晴らしい効果には、以下のようなことがあげられます。

・気持ちの切り替えがすぐにできる
・ネガティブな気持ちを払拭できる
・ストレスが減る
・続けることで自信がみなぎる

苦手だった筋トレに私が目覚めたのは、今やTwitterのフォロワーが123万人を超える「Testosterone」さんの本とツイートがきっかけでした。経営者の友人がオススメしてくれたのですが、「筋トレは必ず人生を成功に導く」という筋肉哲学で、これは強烈でした。私がいちばん興味を持ったのは、筋トレをすることで活力が湧き上がり、ネガティブな気持ちがなくなって、やる気に満ちあふれる、という点です。

ものは試しでやってみると、確かに、短時間ですごい効果がありました。

私の場合、身体を鍛えるという目的もありますが、気分転換に、落ち込んだときに、やる気が欲しいときに、モチベーションをアップさせたいときに、軽く筋トレをします。それだけで、エネルギーが湧き上がるんです。今ではYouTubeでお気に入りのトレーナーさんの動画を見ながら、毎日筋トレするほどになりました。私のオンラインサロンでも、『運勝部《うんかつぶ》』と称して、仲間と筋トレをしていますよ。

身体も心も同時に鍛えられる筋トレ。毎日5分でもいい。皆さんにも、ぜひ身につけてほしい黄金習慣です。

↓筋トレで活力をみなぎらせよう

1
2
3
months

2カ月目のレッスン

自分で コントロールできる 領域を増やす

自分でコントロールできる部分を増やしていくと、
より生きやすくなります。
思わぬトラブルが起きたり、
他人から思わぬ対応をされても、
それでパニックになったり、
イライラしたりすることもなくなります。
なぜなら、その状況でさえ、
自分でコントロールできるようになるからです。
その方法をお伝えしますね。

コントロールできる領域を増やしていく

2カ月目は、「自分でコントロールできる領域を増やす」ことに挑戦していきます。

第1章の「プライベートビクトリー」のところでも、「自分でコントロールできる領域を増やす」ことについてお話ししました。ただ、プライベートビクトリーは、①見た目、②健康状態、③環境、④人間関係と、あくまで自分が主体となってコントロールできる部分が対象でした。

この章では、他人とのコミュニケーションなどに、その範囲を広げていきます。

コーチングは、自分の感情を上手にコントロールして、成功を導き出したり、コミュニケーションを円滑にすることが大きな部分を占めます。

自分の感情をコントロールして、努力を継続する、他人の協力を引き出す、あるいは他人に自分の率直な気持ちを理解してもらうといったことが可能になります。

いってみれば、感情とコミュニケーションをコントロールする技術なのです。**感情とコミュニケーションを思うように操れるようになれば、あなたの人生は確実に飛躍します。**その技術をお伝えしますね。

1
2
3
months

ネガティブな感情も受け入れる

自己啓発本を読みあさり、様々なセミナーに通っていた頃、あちこちで耳にしたのは「つねにポジティブでいなさい」「ポジティブ思考でいることが幸せになる道」という、いわゆるポジティブシンキングの重要性でした。

もちろん、ポジティブでいられるほうが自分自身も楽しいし、心も晴れやかでいられます。私もずっとポジティブでいよう!! とずいぶん努力をしました。他人にイラッとさせられても、うまくいかないことが続いても、イライラする自分が悪い、いつもポジティブでいよう、いよう、と無理に言い聞かせていました。

しかし、そうはいっても、人生は晴れの日ばかりではありません。雨が降る日、嵐が吹く日、雷が突然落ちる日だってある。気持ちが落ち込んだり、他人にイライラしたりするのに、無理やりポジティブでいる! というのは、なんだか違うのではないか? と思い始めたんです。

コーチングでネガティブな感情の意味を学ぶ

それからしばらくしてコーチングに興味を持ち、プロコーチのスクールへ通いました。そこでたくさんの気づきや学びを得ましたが、**もっとも重要なことの一つが、「自分のどんな感情にも寄り添う」「ネガティブな感情も大切に扱う」ということでした。**

この考え方を知り、私の中でネガティブな感情に対する接し方が大きく変わりました。思えばこのあたりから自分自身を大切に大切に扱うようになり、自分のことがより好きになれました。同時に、次々といろんなことがうまくいくようになったのです。

きっと〝自分を大切にしている〟ということが潜在意識に伝わり、〝自分は愛されているんだ、どんなときも自分は自分の味方でいてくれるんだ！〟という安心感や信頼感につながったのだと思います。

ネガティブな感情は悪者ではないんです。実は、そこから学べることがたくさんあるんです。私は聖人ではありませんから、もちろんイライラすることもありますし、怒りの感情が湧くことだってあります。生意気盛りな7歳の娘に対してイライラすることだってあります。

でも、そんなときは自分のネガティブな感情とじっくり向き合い、そして、その感情をしっかり味わいつくすのです。「今、私は何に反応して嫌な気持ちになったんだろう?」とネガティブな感情を丸裸にしちゃうんです。

嫌な感情になったのは、起きたことに何か反応しているわけです。ですから、そこを見つめることで対処法がわかってきます。

もし今、あなたの心に何かガティブな感情があるのなら、その感情を無視したり放置したりするのではなく、納得のいくまでしっかりと向き合ってほしいのです。

会社の上司が嫌だ、同僚にイライラする、ママ友に対してなんだかざわざわする、昔は仲が良かった友達なのに最近はなんだかソリが合わないと感じる……など、人間関係のざわつきは、あなたのエネルギーをどんどん奪っていきます。

ですから、早め早めにネガティブな感情に寄り添い、そんな自分もしっかりと受け止めて、癒していくことが大切です。

嫌な気持ちになった原因を探る

ここでネガティブな感情を癒す、オススメのワークをご紹介しますね。

　ネガティブな感情が湧いてきたら、その感情をノートに書き出します。どんな言葉を使ってもかまいません。**あなたが抱えている感情をすべて書いて、書いて、書いて、もうこれ以上出てこないな、というところまで書きつくしてください。そうしたら、その書いたページを静かに俯瞰《ふかん》してみましょう。きっと「起きた出来事」に何かが反応して、それで嫌な感情になっているんです。**

　次に、その感情に対して、今この感情を手放したいのか、それとももう少し味わいたいのかを、自分自身に聞いてみてください。気持ちがすっきりするまで、これを続けてみてください。

　手放したいなら、今すぐにできることは何か？　そこで思いつくすべてのことをまた書き出してみてください。人間関係ならば、その相手に対して自分の思っていることを伝えるのか、それとも相手と距離を置くのか。それはあなたの選択ですし、どんな選択をしようと自由です。

　ネガティブな感情は、決して悪ではありません。ネガティブな感情をしっかりと受け止めて、その感情と向き合い、対話していくことで、あなたは自分自身をよりいっそう大切に思い、安心感を味わうことができます。「どんな自分だっていいんだ！」、そう思うことで自分を受け入れることができて、エネルギーが上がっていくでしょう。

成功者は自分の弱い部分も認めて、すべて受け入れているものです。

自分をまるごと認めて受け入れることは、自分軸を強くすることにつながります。

それが自信になっていくのです！

どんな自分だって大好き！　と受け入れて、大切にしていきましょう！

↓

ネガティブな自分も認め、受け入れて愛そう！

イライラする感情との向き合い方

どんな感情もOKだよ！　とはいえ、望む未来から遠ざかってしまう感情というものもあります。その感情を抱くことで自分のエネルギーがもれなく下がり、パフォーマンスも落ちて、やる気がなくなってしまうんです。

そんな感情が湧いたときは、なるべく速く切り替えたいですよね。

イライラや怒りという感情は、誰でも抱くことがあると思います。この二つの感情でいるときは決して良いことは起きません。世の中のすべての出来事はエネルギーによって起こりますから、同じエネルギーのものが引き合って、望まないことが次々に起きるのです。

それではまず「イライラ」という感情から見ていきましょう。あなたは最近、どんなときにイライラしましたか？

・子どもが言うことを全然聞かない
・夫がずっと家にいて、あれこれ口出ししてくる
・ビジネスパートナーが思うような仕事をしてくれないのに、代金だけちゃっかり要求してくる
・会社の上司がいつも細かくあれこれと要求してきて、こちらの意見をまったく聞いてくれない

これらは私がよくいただくご相談内容です。日常生活で、他者にイライラさせられることは多いと思います。

私も以前は、自分の思うようにいかないと相手にイライラしていました。自分はこんなにやっているのに、なんでこれくらいできないの？　こんなこと言わなくてもわかってよ……。**つねに相手に対して、「○○するべき」という自分のものさしを押し当てていたんです。**

これがイライラの大きな原因。相手に対して過度な期待をしたり、相手に対して「○

○するべき！」という考え方は、ときに自分自身をすごく疲れさせます。**自分は自分で、他人は他人。自分の常識は相手には通じないんです。**だって、育ってきた環境や学んできた環境が違うんですから、常識だって違って当たり前ですよね。だから、「相手が○○するべき」という考えは手放したほうが生きるのが楽ですし、何より自分の感情も乱されなくなります。

では、イライラしたときに、どのようにして感情を切り替えていくのか、すぐできる方法いくつかお伝えしますね。

イライラしている自分の顔を、鏡で冷静に見てみる

これは私の尊敬する女性経営者に教えていただいた方法です。その方は、「イライラしたら、すぐに鏡を見るようにしてる。鏡に映った自分の恐ろしい顔を見ると笑えてくるの。あぁ、こんなに恐ろしい顔をしていたら運も下がるなぁって思えるわよ(笑)」とおっしゃっていて、それから私もイライラすると鏡を見るようにしているのです。

口元がへの字になっていたり、眉間にしわが寄っていたり。どう見たって美しくない！　ブスッとしてると本当にブスになるし、運気も下がる！　そう思うと、自然と

笑顔になります。

気持ちを切り替えるためには、まず自分の表情から変えていきましょう！

相手にも「ご事情がおありなんですね」と思う

これは最近のお気に入りの方法です。理不尽なものの言い方をしてきたり、なんの脈絡もなく怒ってる人っていませんか？　そんな人に出会うとものすごくイライラして気分が悪くなりますね。でも、そんな相手の行動でイライラすると、あなたのエネルギーが下がってしまいます。

そこで私はこう思うようにしています。**「いろんなご事情があるんですね」**と。

よく買い物に行くスーパーのレジに、いつもしかめっ面のスタッフがいます。そればかりか、誰もが聞こえるくらい大きなため息をつくのです。

「はぁーーーーーーーーーーっ」「ふーーーーーーーーーーっ」

不機嫌な顔をしているばかりか、大きな大きなため息をしょっちゅうつく。

「ママ、なんであの人はいつも怒ってるの？　なんで嫌な顔をしてくるの？」

娘がそう尋ねるくらい、なんだかこちらが悪いことをしたかのような態度なんです。

買ったものを投げつけるように渡されることも……。でも、こんなときは、「あぁ、いろいろとご事情があるんですね」と思うようにしています。

以前ハワイのショッピングモールを歩いていたら、外国人がしつこくホテル投資に勧誘してきました。何度断っても私たちの後をずっとついてくるのです。あまりにしつこいので、ちょっと厳しめの口調でハッキリ「No Thank you!」と伝えたら、「バーカ！」と、なぜかそこだけ日本語で叫んで走り去って行きました。

娘は唖然としてその人の後ろ姿を見送っていましたが、「ママ！　なんであの人、バーカ！　って言うの!!」とイライラした声をあげました。

私は「まぁ、あの人もさぁ、営業ノルマに追われてて、でも、いつも相手にしてもらえなくて。ご事情があるのよ、きっと。大変だよねぇ」と答えました。

こんなふうに、イライラする種って、いくらでも転がってるんですよね。

でも、そのたびにイライラの種を拾っていてはもう大変！　毎日がイライラに浸食されてしまいます。ですから、「皆さん、いろんなご事情があるのですよねぇ」と受け流すのがオススメです。

イライラさせられた相手が赤ちゃんの頃を想像する

もう一つ、友人に教えてもらってすごく気に入っている方法をご紹介します。それは、「イライラさせられた相手が赤ちゃんの頃を想像する」というものです。

最近、怒りっぽい老人の話題を耳にすることがありますね。コロナ禍でイライラしている人が増えているのか、スーパーや駐車場で、突然脈絡もなく怒鳴ってくる老人がいると聞くことがあります。

もし、あなたが突然、身に覚えもないのに怒鳴られたり、イライラすることをされたりしたら、そのときは、その相手が生まれたばかりの赤ちゃんだった頃を想像してみてください。

憎らしい赤ちゃんというのはいません。その相手は、生まれてからこれまでいろんなことがあって、傷ついたり、悲しいことが重なって、今、そのイライラの感情がピークなんだ、と思うのです。決して相手のイライラに飲まれてはいけません。

家族に対して、いつもイライラしてしまいます、というご相談も多くいただきます。

身内だと甘えがあったり、言わなくてもこれくらいわかってほしい、というエゴが働いたりして、イライラにつながることもありますね。

私も、娘がなかなか宿題をしなかったり、「早く寝なさい」と言ってるのにいつまでも遊んでいたりすると、イライラすることがあります。そのイライラの感情にまかせて、感情的に叱ってもお互いに嫌な気持ちになります。

そんなときは、いったん鏡を見て、「もうイライラするぅ♡」と、にっこり微笑んで口に出して言ってみてください。 そんなバカらしい、と思うことなかれ。「イライラするぅ♡」って言いながらにっこり微笑むと、イライラの感情が100から30くらいに一気に減りますよ。

それから、自分が今感じていることを、冷静に娘に伝えます。

「もう何時だと思ってるの!!　早く寝なさい！」ではなくて、「早く寝ないと、明日の朝起きられないかもよ。明日は大好きな体育の授業があったよね？　朝は元気に起きて体育の授業受けたいよね？」と話すんです。

「さっさと片付けなさいって言ってるでしょう!!」ではなくて、「綺麗な部屋だと気持ちいいよね？　汚い部屋にはエンジェル来ないかもよ？　エンジェルも綺麗な部屋が大好きって言ってるよ」と話しかける。我が家では、エンジェルは綺麗な部屋にしか来ないということにしているので（笑）、こう言うと娘は一気に片付けます。

イライラを感じるのは様々なシチュエーションがあると思います。でも、イライラしていて良いことは決して起きませんから、対処法をいくつかマスターしておくといいですよね。

↓
イライラしたときの対処法を用意しておくと、生きるのが楽になる！

怒りの感情との向き合い方

イライラと同じくらいエネルギーもパフォーマンスも下げてしまうのは、「怒り」の感情です。短気は損気と言いますが、気が短いと、本当にそれだけで人生損してしまうなぁ、と思います。

前にも書きましたが、実は私、昔はすごく気が短かったんです。自分の思うようにいかないとプリプリ怒っていましたし、相手に食ってかかることもありました。まだ独身時代の話ですが、車で走っているとき、前の車が突然急ブレーキを踏んだのでクラクションを鳴らしたら、その運転手が車から出てきたんです。そこで私も出ていって口論になり、結局警察を呼ぶことに……。今思い出すと自分でも呆れちゃうんですけどね。ちなみに相手は男性でした。

警察官の方には、「お姉さんさぁ、女性なんだから、車から出てっちゃダメだよ。何もなくて良かったけど、クラクション鳴らして喧嘩になって大けがしちゃう人もいるんだからね。穏やかに運転してよ。ホント何もなくて良かったよ」と、たしなめられてしまいました。

本当、お恥ずかしい話ですが、「相手が悪い!! 私は悪くない！」という勝手な思い込みが招いたことです。――今思うと、本当に何もなくて良かったです。

こうした「自分が正しい！ 私は悪くないんだ！」という主張は、ときとして大きな怒りへとつながったりします。怒りの感情は二次感情なんです。「怒り」を感じた根本には、その怒りの原因となっているもう一つの感情があります。そのもう一つの感情が「怒り」という感情になって、表面上に表われたということです。

たとえば、旦那さんに対して、「全然家事を手伝ってくれない。子どもの面倒も私まかせだ！」という怒りが湧いてきたら、その根本には、「私はこんなに頑張っているのに少しも協力してくれないんだ」という悲しみや、「自分ももっとゆっくり休みたいのに、なぜ私ばっかり」といった自己犠牲からくる我慢の感情があったりします。

上司に対して「理不尽なことばかり言ってきて！ なんなのよ！」といった怒りには、「私の言いたいことをまったく理解してくれない。もっと共感してほしいのに」というやるせなさの感情が隠れていたりします。

子どもに対して、「早く用意しなさい！　何度言ったらわかるの！」という怒りは、「早く用意して行かないと、学校に遅れてしまったら大変」という不安や、心配からきていたりするのです。

怒りの根本にあることを言葉にして冷静に伝える

怒りを感じたら、今なぜ自分は怒りを感じているのか？　と一度冷静になって、自分の感情を見つめてみてください。きっとその怒りの根本にある、もう一つの隠れた感情が見つかるはずです。

そこに気づき、その感情を冷静に（ここがポイントです）相手に伝えることが大切です。

相手に対して、「今、あなたが私に言った言葉に対して、私は悲しいと思ったんだ」とか、「私なりに一生懸命やっているつもりだから、もう少し私のことを理解してくれたり、協力してもらえたら嬉しいと思うんだけど」というように、自分の感情を冷静に伝えましょう。

間違っても、感情のまま怒鳴りつけたりしないでくださいね。

感情にまかせて怒鳴ったり泣いたりしても、状況は悪化するばかりです。自分が感じた感情を冷静に伝えることで、相手もあなたの心情を理解しようとしてくれたりして、建設的な話し合いにつながります。怒りの感情を感じたら、まず大きく深呼吸。それから三つ数えて、その根本にある気持ちを冷静に伝えるようにしましょう!

↓

怒りを感じたら深呼吸。
怒りのもとにある感情を冷静に伝えよう

簡単に自分の夢をあきらめない！

あきらめの悪い女になる!! そう決めてから、私は望むような人生をどんどん生きられるようになりました。〝あきらめの悪い女〟というと、ひどく怖いイメージですが（笑）。

今から5年ほど前、私がプロコーチになりたい!! 早く一人前のコーチになって、その方が潜在的に持っている無限大の力を引き出して、たくさんの方の夢の実現を応援していきたい！ そう強く願っていたときのことです。

当時、プロコーチになるためのスクールを真剣に探していました。とても惹かれるスクールを見つけたのですが、場所は赤坂で、しかも受講期間は約半年、毎週木曜の10時から20時までと、かなりの長丁場です。悩みました。まだ2歳だった娘は保育園に通わせていましたが、最長でも17時にはお迎えに行かねばなりません。

私は夫におそるおそる相談しました。

「行きたいコーチングスクールがあるんだ。そこは毎週木曜日の10時から20時まで授業があるの。半年間、毎週木曜日だけ保育園に迎えに行ってもらって、夜、娘の面倒を見てくれないかな？」

夫の反応は間髪入れずにNG。予想はしていましたが、今思い出しても笑えるくらい、あっさりNGでした。

「ムリムリ。俺だって仕事あるし、そんな半年間も約束できないよ。だいたい半年間って長すぎるでしょ？　どこかもっと短期間のコーチングスクールあるんじゃない？」

あまりにもそっけない答えすぎて、落ち込む間もありませんでした。

確かに、他にもコーチングスクールはたくさんありました。でも、なぜか私はその赤坂の、半年間も通わなければいけないコーチングスクールに行きたかったのです。

直感でここだ!!　と思ったんです。

私は必死で考えました。なんとかここに通える方法はないだろうか……。どうしても行きたい！

あきらめなければ協力してくれる人が現れる

そのときふと、時々シッターをお願いしているSさんのことを思い出しました。Sさんは自宅から車で5分ほどのところに住んでいて、数年前にご主人を亡くされ、ご自宅を保育園にする準備をされていました。年齢は私の母より少し若いくらいで、もともと保育士をされていて子どもが大好き。とても面倒見の良い優しい方です。

Sさんには時々夜のシッティングもお願いしていました。でも、最長でも20時までという契約でした。けれど、赤坂から小田原まで、新幹線で急いで帰ってきても、どうしても22時近くなってしまいます。娘がもう少し大きくなるのを待つか、違うスクールを探したほうがいいのか……。かなり悩みましたが、思い切ってSさんに相談することにしました。

「どうしてもこのスクールに通いたいんです。プロコーチになる夢を叶えたいんです。半年間だけ、娘を週1回、22時まで見てもらえませんでしょうか？」

Sさんはにっこり笑って、こう言ってくれました。

「私は働くお母さんを応援したくて、保育園をやろうと思ったんです。夢があって素敵ねぇ。応援しますよ。半年間、責任を持っておあずかりしますね」

あのときのことを思い出すと今も涙があふれます。Sさんが引き受けてくださらなかったら、私は今のようなプロコーチにはなれていなかったでしょう。

でも、もう一つ障壁がありました。Sさんは車を持っていなかったのです。夕方、保育園からSさんのお家まで、どうやって娘を届けたらいいんだろう？　またここで悩んでしまいました。

でも私はあきらめず、今度は保育園の先生にお願いしてみました。

「半年間だけ、毎週木曜日に、こちらのSさんという託児所まで娘を送り届けていただけませんか？」

あのときは必死でした。結果的に保育園の先生も了解してくださったんです！

私はこのときに確信しました。自分が望む人生を手に入れるためには、簡単にあきらめちゃダメなんだ。頭をフル回転して、勇気を振り絞って、遠慮せずにできることをすべてしよう!!　それでダメだったらあきらめる。だけど、こうすれば良かったんじゃないか？　とか、あんな道もあったんじゃないかって、後で後悔するのだけは絶対にやめよう。

思い返すと、これは私のターニングポイントの一つでした。夢を持つと、いろんな障害が起こりますよね？　一人では解決できないことだってあるし、もうダメかもしれないと思うことも、きっとあると思います。それでも知恵を絞ってください。頼れそうな人には、勇気を持って、思い切ってお願いしてみてください。

あなたの夢を簡単にあきらめないでほしい。私と一緒に〝あきらめの悪い女〟になりましょう!!（笑）。自分の夢にもっと貪欲になっていきましょう！　あなたの頑張りを見ていて、応援してくれる人は必ずいるはずですよ！

↓

あきらめの悪い女になる！

他人は気にせず、自分が行きたい道を進む！

他人の意見や他人の視線を気にすることをやめると、人生は間違いなく望む未来に向かって加速します。もっとストレートにお伝えするなら、ずばり自意識過剰をやめることで、生きづらさから解消されて、やりたいことにのびのびと自由に、躊躇《ちゅうちょ》なく挑戦できるようになります。

多くの方が、こんなこと言ったら、こんなことをしたら、あの人はなんて言うだろう……と、他人の意見を必要以上に気にしています。「本当はこうしたい」という願望があるにもかかわらず、他人を気にして、自分の心をごまかして抑えてしまうのです。

御多分にもれず、**昔の私もそうでした。みんなから好かれたいという八方美人気質が強かったからです。**それで、いつも自分の心を後回しにして、他人からどう思われるだろうかと、そればかり気にしていました。今思うと、とんだ自意識過剰な女です(笑)。

良い人と思われたいから、お誘いはつねにYes。行きたくもない飲み会に顔を出したり、本当は気乗りがしなくても、誘いがあれば何でも「いいよ」と返事していました。

そんなふうですから、外面だけはとても良いのですが、自分の家族や大切にしなくてはいけない人には仏頂面をしたり、八つ当たりをしたりして、今思い返すと恥ずかしい限りです。**とにかく以前の私は、自分の気持ちというものをずいぶんごまかしていました。**

自分は本当にそれを望んでいる?

そんな私でしたが、心理の勉強を進めるうちに「これからは自分の心の声を大事にしていこう」と決め、気乗りのしないお誘いは断る勇気を持ち、お付き合いで続けていたコミュニティーを抜けたりと、ささいなことから始めていきました。

大人になると、本当は行きたくないけど義理や付き合いで仕方なく、ということが出てきますよね。特に起業したばかりの頃は、「人脈を広げないと！」とか、「影響力のある人のパーティーには行かないと！」とかね（笑）。

でも、そんなときこそ、あなたの心に聞いてください。「私は本当にそれを望んでいるのかな？」と。それをすることで、あなたの望む未来に近づいていけるのでしょうか。答えがNoなら、無理をする必要はありません。

自分に嘘偽りなく生きることで、あなたの望む未来が近づいてきます。

自分の心に嘘をつくと、あなたの望む未来は遠ざかっていきます。

ぜひ自分の心に正直になり、心の声に素直にしたがうことを意識してみてください。

↓

自分の心に正直に生きよう

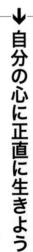

他人と比べて落ち込むのは、暇な人がやること

他人と自分を比較し、落ち込んだり自信をなくしてしまう……。そういう方も少なくないと思います。実は、かつての私も、他人と自分を比べては、「なぜあの人はできるのに私はできないんだろう……」「なぜあの人はあんなに成功してるんだろう……」と、落胆したり、自信をなくしたりしていました。

他人と比べることで自分を奮い立たせ、頑張れる人もいると思います。でも、多くの方は他人と比べることで自信を失ったり、自分を不甲斐なく思ったりして、やる気を失ったり、あきらめたりするのではないでしょうか。

他人と比べても状況は改善しないとわかっていても、でも、この世には自分と他人しかいないから、まったく他人と比べないというのも難しいですよね。特にSNSが普及して、他人の日常がよく見えますから、知りたくなくても情報が入ってきます。

けれど、他人と比べて落ち込むくらいなら、SNSは見ないほうがいいんです。そして、他人とつい比べている自分に気づいたら、それを素直に認めましょう。「私は今、あの人の○○の部分に反応しているんだな」と、自分が何に反応しているのかを冷静に俯瞰《ふかん》します。次に、なぜそこに反応したのかを冷静に分析してみましょう。自分もそうなりたいのかもしれないし、その人の行為に嫌みな部分を感じたのかもしれません。**比べてしまった中身をきちんと把握すると、次に、それにどう対応すればいいのかがわかります。**モヤモヤを放置しないことが大切なのです。

落ち込む時間でやれることをやる

私が他人と比べて落ち込んでいた頃、ある先輩コーチからこんなことを言われました。この言葉が、私はとても気に入ってるんです。

「他人と比べるっていうことはさ、暇なんだよ！　だって自分が目指すことで毎日充実してたら、他人と比べて落ち込む時間なんてないじゃん？　暇だし、時間がありあまってんだよ。その分、自分のやりたいことに時間使えって思うなぁ。はっはっはー」

豪快に笑う先輩の言葉が、当時の私には、とっても響きました。

そっか、私、暇なんだ!! 他人と比べてるってことは、私、時間があまってるんだ～！ パッカーンと何かが割れて、頭がすっきり爽快になりました。

それ以来、つい他人と比べてしまうようなことがあれば、「私、今暇なんだわ、暇。さ、自分のやるべきことやろ！」って喝を入れています（笑）。

最近は他人と比べて落ち込むようなこともなくなりましたが、それでもたまにあります。たとえば、今苦労して頑張っているYouTube。私よりも後で始めた方がどんどんチャンネル登録数を伸ばしてるの見ると、正直、落ち込んでしまうこともあるんです。はい、こんな私でも落ち込むことがあるんですよ。

私センスないのかなぁ……。これ、けっこう良く撮れてると思ったけど、全然再生回数伸びてないなぁ。つまんなかったのかなぁ……。つい順調な方と比べて凹むことだってあります。

でも、そんなときは先輩コーチの言葉を思い出すんです。「私、今暇なんだな！」。まだまだ頑張れるよね。やるべきことなんていっぱいあるじゃん？ 他人と比べてる暇があるんだったら、自分の夢に向かってやれることとやりなさいよ！

そう自分に喝を入れるんです。

他人と比べているときっていうのは、他人の人生を生きているんですよ。あの人はいいいな、羨《うらやま》しいいな、なんて誰かのSNS投稿を見たり、有名人のニュースを見ているときは、自分の人生ではなく、他人の人生を生きているんです。

そんなもったいないことありますか？

私は私の人生を生きる！　他人の人生を見て羨ましく思ったり、比べて悩んで落ち込んでいるなんてばかばかしい。第一、自分に対して失礼じゃないか。そう思うようにしています。

ですからあなたも、他人と比べて落ち込むということは、きっとまだまだ自分にできることがあるんです。自分の人生に集中しましょう！　『鬼滅の刀』に「全集中」という素敵なセリフがありますよね。**他人と比べて落ち込むときは、あなたの人生に全集中していないんです！　私もあなたも自分の人生に全集中していきましょう!!**

↓

自分の人生に全集中しよう！

情報を遮断して、潜在意識をクリーニング

なかなか引き寄せが叶わない。なんだかいつもうまくいかない。どうも自分は運が悪いような気がする。やりたいことがあるのにモチベーションが続かない……。

このような人に共通するのは、ずばり「潜在意識が汚れている」ことです。ここはぜひ、汚れた潜在意識をまっさらにクリーニングしましょう！　これは人生を変えるために非常に大切なことです。簡単に始められますから、2カ月目のレッスンでは毎日意識的に取り組んでいただきたいと思います。

引き寄せを叶えたり、成功するために多くの方が言われているのが、「潜在意識にお願いをする」ということです。潜在意識は「無意識」と言ったりもしますよね。私もこの潜在意識を活用するのが大好きで、活性化するために日頃からいろいろ研究し

ています。

潜在意識が厄介なのは、「良い」「悪い」や「必要」「不必要」といった区別ができないことです。そのため、潜在意識には想像できないくらい膨大な量の情報がどんどんと入っていってしまいます。そして私たちは、その影響をこれまた無意識に受けてしまうのです。

テレビのつけっぱなしをやめる

しばらく前に相談に見えたSさんは、ご結婚されて2年目。そろそろ子どもが欲しいので、残業が多めの現在の仕事は変わりたい、夫婦でつい週末に行ってしまう趣味のゲームセンター通いも、お金がもったいないのでやめたい、といったご相談でした。

そして、Sさんの最大の悩みは、「昔からマイナスのことばかり考えてしまい、すぐにネガティブなことを想像してしまう」ということだったのです。

たとえば、子どもが欲しい！　と思いつつ、「自分は妊娠しにくい体質だから、なかなか授からないだろう」とか「お産がすごく苦しくて、その結果、子どもが無事に生まれないかもしれない」、あるいは「夫がゲームセンターからパチンコに狂って、借金をしてしまうかもしれない」などなど、次から次へネガティブなことばかり想像してしまうというのです。しかも、そこに根拠はまったくないのです。

よくよく話を聞いてみると、Sさんは小さい頃、朝から晩までテレビがつけっぱなしの家で育ったそうです。それで現在も、朝起きたらまずテレビをつける。仕事から帰宅したら即テレビをつける。移動や昼の休憩の空き時間はネットニュースを見て、寝る前はSNSを見るのが習慣と、とにかく1日中メディアからの膨大な情報の中で生活していることがわかりました。

そこで私は、こうお伝えしました。「どうしても見たい番組以外は、テレビをつけるのをやめてください。そしてできれば朝はテレビを見ないでください」

洪水のような情報が潜在意識を汚していく

テレビからは情報が一方的に、ジャンジャン洪水のようにあふれてきます。ニュース番組からは見たくもない恐ろしく悲しい事件や、聞きたくもないネガティブな情報がわんさか流れます。そして、CMからは欲しくもない商品が、さも素晴らしくて、誰もが持っているかのような錯覚を起こさせようと押し寄せてきます。

ＳＮＳもそうです。必要でもない情報がまるで洪水のように、私たちの潜在意識に音も立てずにス〜ッと入ってきます。

これを私は、「潜在意識を汚す」と呼んでいます。理想をいえば、潜在意識には極力、自分が求めている必要な情報だけ、もっといえば望む未来につながるような、希望に満ちたものだけを入れたいのです。しかしながら、メディアやネットから流れてくる不要な情報、つまりノイズが、私たちが知らない間にどんどん潜在意識にため込まれ、それが原因でネガティブになったり不安になったりするのです。

人はどうしてもネガティブな情報に強く反応するようにできています。ですから、意図的にノイズをシャットアウトすることが、人生をより良く変えるためには大切なのです。

Ｓさんは私のアドバイスにしたがって、テレビのスイッチを無意識に入れる習慣を断ち切ってくれました。寝る前の30分はＳＮＳを見ないことも実行してくれました。

その代わり、好きな本を読んだり、新しい仕事のために勉強する時間を確保することができて、ご主人との会話が前よりも増え、夫婦仲がものすごく良くなったそうです。そうして半年後、妊娠のご報告をいただきました。

成功者の方は、「テレビは見るな！」と口をそろえておっしゃいます。私も、もう何年もテレビのない生活をしていますが、それで困ることはありません。そして、私のクライアント様のほとんどもテレビを見ない生活へシフトし、中にはテレビを捨てた方もいらっしゃいます。皆さんテレビを見ない代わりに、その分、ビジネスに時間を割いたり、自己啓発に時間を使って、どんどん望む成果を出されています。

家にいるときはつねにテレビがついているという方は、テレビを見る時間を極力減らしてください。特に潜在意識が活性化する朝の時間は、テレビをつけるのをやめてみてください。慣れないうちは、電源を抜いてしまいましょう！　日頃あまりテレビを見ないという方は、いっそのこと、これを機にテレビをメルカリにでも売ってしまいましょう。

↓
潜在意識を汚すノイズは今すぐ断ち切っていこう！

許すことでステージを上げる

許すことで自分の人生が劇的に良くなります。良いことが次々と起きるという言い方が正しいかもしれません。とにかく流れが変わり、なんだか最近ついてる！　私ものすごく運がいいわ！　と思えるようなことが次々と起きるのです。

この「許すと人生がどんどん好転するよ」「許すことで人生のステージが変わるよ」ということは、実際にいろんな成功者や経営者の方から何度も聞いてきました。

あの人のことを許せない。
なんであんなひどいことを言うんだろう。
あのときの、あの態度が傷ついた。

生きていると、様々なシーンで他人から心無い言葉を吐かれたり、思わぬ態度をとられたりして傷つき、「絶対に許せない」といった怒りや悲しみの感情を持つことがありますよね。

私自身、数年前に仕事関係でひどい裏切りにあったことがあります。今思うと、その人は初めから騙そうと思って近づいてきたんでしょうね。とても信頼していたし、応援もしていたので、騙されたと気づいたときにはすごく落ち込みました。「絶対に許せない!!」という怒りでいっぱいの気持ちになりました。

冷静になろうと思っても、過去のいろんな場面を思い出し、なんてバカだったんだろう、どうしてすぐに人のことを信用するんだろう……と、相手を恨み、自分を恨みました。

起きてしまったことを悔やみ続けても生産性は上がらないし、マインドも落ちるし、エネルギーも下がるから、もう忘れよう。そう何度も自分に言い聞かせましたが、許せないという気持ちは私の中からなくなりませんでした。

それでも、許すことにしたのです。どうして許そうと思ったのかといえば、それは結局、〝許せない〟という感情を持ち続けていちばんつらいのは自分自身だからです。

つねに〝許せない、許せない〟という怒りの感情が頭にはびこっていると、大切なエネルギーがそこに使われてしまいます。**自分のエネルギーは本来、望む未来に向かって使うものだし、自己成長のために使うもの。**それなのに、もうどうしようもない過去の出来事にとらわれて、そこにエネルギーをずっと使い続けるのはなんだかバカバカしい……。そう心から思いました。

とはいえ、すぐに〝許せない〟という感情をすっかり解放できるわけではありません。そういうときには、その感情と向き合うのです。

〝許せない〟感情を冷静に受け止め、また反応してしまったなとか、この出来事を今この瞬間からどのような学びに変えられるかなというように、自分の感情に前向きに向き合うんです。

まだ怒りに震えるようなら、ノートに〝許せない〟という感情を書き殴ります。気がすむまで書いて、それが終わったら深呼吸して、お気に入りの場所で静かに過ごしたり、ゆったりとお風呂に入ったり、音楽を聴いたり映画を見たりして、リラックスして過ごします。

すぐに許せなくてもいい。時間をかけて少しずつ、ゆっくり許していきましょう。

忘れてはいけないのは〝許せない〟という感情は自分自身を傷つけて、エネルギーを奪うということです。そして、心から〝もういいや。もう許そう〟、そう思えた瞬間から、いろんなチャンスが舞い込んできたり、奇跡が起きたりするんです。

自分自身を許す

もう一つ大切なことは、「自分自身を許す」ということです。あなたは過去に失敗した自分や、不甲斐ない自分、他人を傷つけてしまった自分を、責め続けていませんか？

なんであのとき、あんなことをしてしまったんだろう。
どうしてうまくできなかったんだろう？
なんであんな言葉を言ってしまったんだろう？

やりきれない思い、どうしようもなくいらだつ思い、悔やんでも悔やみきれない後悔があるかもしれません。約束を守れなかったり、決めたことを継続できない自分や、だらしなく過ごしてしまった自分を責めたり、あるいは誰かに八つ当たりしたり、お子さんをつい厳しく叱ってしまって、そんな自分を責め続けてしまう方もいるでしょう。

でも、誰にだって過ちはあります。完璧な人なんていません。

「だって人間だもの」とは相田みつをさんの言葉ですが、私も自分がミスをしたり、ついイライラして娘にきつく当たってしまったとき、自分を責めてしまうこともあります。そういうときは、「だって人間だもの」と自分に声をかけるんです。

そして、過ちを認め、謝るんです。心を込めて謝るんです。

「ごめんね、ママが悪かったね」「ごめんね。ちょっと勘違いしていた。もう一度教えて」と自分の非を認めて真摯《しんし》に謝る。この素直に認めて謝ることが大切なんです。

自分を責め続けるのではなく、ここからどうしたらいいかな？　と未来、良い方向に向かう術を考えるようにしていきましょう！

↓

許すことで自分がいちばん楽になり、人生のステージが上がる

素直になること

私は成功者の方に、よくこんな質問をします。「まだこれといって実績のない人間が成功するために、何がいちばん必要だと思いますか？」

皆さんいろんなことをおっしゃいますが、必ず共通しているのが、「素直な人」ということです。「素直な人こそ成功する」。そう、たくさんの成功者が教えてくれました。

わからないことは「わからない」、知らないことは「教えてください」と素直に言える人。素直な人とは、いつからでも、どんな状況でも、学ぶ姿勢がある人です。

こんな話を聞いたことがあります。いくつも会社を経営されていて、年商が10億もある方が、ご自身でLINE@を配信してみようと思った。そこで、会社のアルバイトスタッフにLINEの使い方を尋ねたそうです。その姿勢がものすごく丁寧で謙虚だっ

たので、見ていた方が、

「○○さん、そんなに若い方に教えてもらうなんてすごいですね。私はちょっとプライドが邪魔して、なかなか若者には聞けません」

と言ったそうです。するとその経営者は、

「自分が知らないことは、若い人やうまくできる人に聞くことだよ。確かに僕はビジネスでは結果を出してきてるけど、LINEに関してはまったくのド素人なんだから、役職だったり年齢だったりは関係なく、できる人から直接聞く。それが速いよ!」

とおっしゃったそうです。

わからないことは「教えてください」と言う

年齢を重ねると、ときにプライドが邪魔することがあります。こんなこと聞いたら格好悪い、こんなこと知らないなんて思われるのは、恥ずかしい。そう思って、つい知ったふりをしてしまう。

私も会社員時代はプライドが邪魔して、わからないこともわかったふりをすることがありました。そうすると、今さら聞けないし、結局は時間をかけて調べないといけなくなったり、会話についていけなかったりと、ずいぶん損をしたものです。

でも、今では違います。おかしなプライドは持たずに、わからないことは「教えてください」と聞くようにしています。

自分の無知を認め、素直に聞くことは、ときに勇気がいります。**でも、ほんのちょっと素直になるだけで、知らない世界を知ることができるんです。**その結果、自分に自信が持てたりして、人生の質が上がるのです。

↓ 素直でいることは自信にもつながる

コツコツが勝つコツだ！

「コツコツが勝つコツ」。とても素敵な経営者の方から教えていただいた言葉です。素晴らしい成功を収めていらっしゃる方にも、ゼロの時代があった。どんな成功者もゼロから始めてるんです。

私たちは成功した方の現在の姿を見て、「すごいなぁ！　自分は到底かなわないなぁ！　自分には無理だよなぁ……」と思ってしまったりしますよね。でも、そんな方だって、必ずゼロからスタートしています。そして陰でものすごい苦労や努力をされています。泥臭いことだってたくさんされています。

私はずっとアメブロを更新し続けていて、今では読者も8000人を超え、アクセスもたくさんいただきますし、「ブログを読みました！」とセッションやセミナーに来てくださる方もいらっしゃいます。お仕事のお話もたくさんいただくようになりました。でも、私はブログを書き始めて9年たつんです。

9年！　我ながらびっくりしてしまいました。もちろん、最初からビジネスブログを書いていたわけではありませんし、気合を入れて書いていたわけでもありません。当初はＯＬの趣味日記のような、興味のあった美容や健康のことを覚書きのつもりで気ままに書いていました。読者だって友達しかいなくて、たったの10名ほどでした。

コツコツの積み重ねが人生を大きく変える

確かブログを始めたばかりの頃は名前のＴＡＥにかけて、「TAE's～絶えずブログ～」というタイトルで書いていました。それが、〝自分で好きなことを始めよう〟とスイッチが入ったのが6年ほど前でしょうか。10人だった読者をまず１００人にしたいな、そして１００人に届いたら、次は５００人になったら嬉しいな。次は１０００人を目指したい！　とコツコツコツコツ積み上げてきたんです。

もともと文章を書くことは大好きでしたし、今ではブログも短時間でササっと書けてしまいますが、昔は1本の記事に1時間や2時間かかることもザラでした。批判的なコメントが来ると3日ぐらい落ち込んだりしていました。

そんな私も経験を積み、今では批判的なコメントが来たら、「読んでくださってありがとうございます。そしてコメントまでありがとうございます」と手を合わせるくらいに成長しました。

周りを見渡してみると、やはりコツコツと継続してきた人が必ず結果を出していま
す。もちろん、紆余曲折はありますが、コツコツ積み重ねることが、人生を大きく変
えていくことは間違いありません。

あなたが今何かに取り組んでいて、でも、なかなか結果が出なくて悩んだり、思うように進まなくて落ちこんだりしたときは、ぜひこの「コツコツが勝つコツ！」という言葉を思い出してください。

↓

コツコツ継続することが、
理想の未来に生きるあなたを、確実につくる！

「断つ」ことが「勝つ」こと

「人生をより良く変えていくには決断が大事だ！」。これはよく言われることです。あなたもきっと何度も聞いたことがあると思います。確かに、決断しなければ人生は変わりません。しかし、ここには注意が必要です。

「決める」ことより「断つ」ことが大事

多くの方は、決めることはできるんです。毎年、新年には目標を決めますよね？今年こそ毎日早起きをする。今年はジョギングを習慣化する。今年はダイエットして5キロ痩せる。読書を習慣化する。部屋を片付ける……などなど、いろんなことを決めるでしょう。

もう、おわかりですね。決めること自体はすごく簡単なのです。ただ決めれば決めるほどタスクが増えて、時間に追われることになり、結局は「やっぱり無理だなぁ」

とあきらめてしまう人が多いんです。

では、どうしたらいいのでしょうか？　**それは「決める」と同時に、セットで「断つ」ことも決めることなのです。**

たとえば、早起きをすると決めるのであれば、夜遅くまでNetflixを見たりネットサーフィンをするのはやめなければいけませんよね？　5キロ痩せると決めたら、ついダラダラ食べてしまう甘いお菓子やジュース、毎晩飲んでしまうお酒を断つ。それらを毎回買ってしまう買い物習慣から断つ必要があります。読書を習慣にしたいのであれば、家に帰ってすぐテレビをつけることをやめたり、YouTubeを延々と見続けることを断つ。

以前の私は、実にたくさんの目標を決めて、実にあっさりとあきらめていました。今では「あきらめの悪い女」ですが、昔はものすごく「あきらめの良い女」だったんです。それは、決めてばかりで、断つことができていなかったから。やるやる詐欺で、「あれもやりたい、これもやりたい」と決めることは得意なのに、断つことが大の苦手だったのです。

望みの収入を叶えるまで三つを断ったクライアント様

起業して8カ月で1億円稼いだクライアントさんがいます。その方は起業して満足のいく稼ぎになるまでは、自分が大好きだった、①お酒、②ドライブ、③サーフィンの三つを断ったそうです。

断たなければ、自分が決めたことは満足いくように進まないのです。あなたが大きく人生を変えたい！　そう願うなら、「決める」ことよりも「断つ」ことを先に決めましょう！

↓

決めるだけでなく断つことが大切。
あなたが望む未来のために、断つものは何？

望む未来のために断つこと①

予定を詰め込み過ぎない！

「決める」前に「断つ」ことが大切、とお伝えしました。ここからは、幸せや成功を遠ざけてしまうものを五つご紹介します。これらは意識的に断ってみてください。

まず、「予定を詰め込み過ぎない」ことです。これは個人事業主に多いのですが、毎日予定をめいっぱい詰め込んでしまう方がいらっしゃいます。スケジュール帳はつねにパンパン。空けておいた唯一のお休みの日も、お客さんの都合で面談を入れてしまったり、自分の学びのためにと講座を受けることにしてしまったり。とにかくつねに予定がいっぱいなんです。

これでは、より良い人生のために自分とじっくり向き合ったり、自分と対話するための時間がありませんよね。毎日ひたすらスケジュールをこなすことに追われ、たまの休みは疲れ果てて寝て終わる。

それでもきっと充実感や達成感はあるでしょう。しかし、このような生活では、あなたが本当に望む未来のために投資する時間は、おそらくないはずです。

数カ月前の私がまさにそういう状況でした。コロナでご相談が一気に増えて、毎日たくさんの方とセッションしたり、ワークショップを開催したり、Facebookライブを何度もやってみたりで、毎日予定がいっぱいでした。そして週末は家族と過ごすため、自分一人で過ごせる時間がまったく足りなかったんです。

毎日があっという間に過ぎていき、確かに充実感はありました。でも、肝心要《かなめ》の自分と対話する時間がとれなかったんです。**そんなとき、あるメンターの方から、「卓越した人は、自分のために極上の休息をとることを大切にしている」と聞きました。パフォーマンスを上げたければ、上質な休息を意識的にとることが大切である、と。**

この言葉を聞いて、確かにそうだ！　と思い、意識的に休息をとろう！　と決めました。

週2日は予定を入れない経営者

ある経営者の方は、「週に2日はまったく予定を入れない日をつくっている」とおっしゃっていました。その方はいくつもの事業を展開されていてとても忙しそうなのに、なんと週に2日も予定を入れないというんです！　その2日間で自分が心からやりたいことをやるそうで、たとえばゴルフの打ちっぱなしに行ったり、日帰り温泉に行ったり、カフェでのんびり過ごしたり、本を読んだり、ときには一日中漫画を読んだりしてるんだよ、とおっしゃったんです。

これは衝撃的でした。上質な休息をしっかりとることで、パフォーマンスも生産性も劇的に上がるそうです。私はすぐにこれを試そうと思いました。今までパンパンだったスケジュールを反省し、「あえて週に1日は、何も予定を入れないぞ！」と決め、毎週1日は「休息の日」と決めて、スケジュール帳に大きなバッテンを書きました。そのバッテンを書いた日は、朝起きて自分の心に尋ねるのです。「今日は何をして過ごしたい？」。そのときの気分で、その日やりたいことを決めます。

これは本当に素晴らしい気づきを与えてくれました。あえて何も予定のない日をつくることで、あなたが本当に望むことがより明確になったり、心も体もすっきりとリフレッシュできて、また頑張ろうという活力が湧いてくるんです。

週に1日は厳しいなぁ……という方は、週に半日でもいいいんです。何も予定を入れない日をあえてつくってみてはいかがでしょうか？　**上質な休息をとること！　これをぜひ意識してみてくださいね。**

↓

あえて何も予定を入れない日をつくってみよう！

望む未来のために断つこと②

パワーダウンする言葉は使わない！

言葉が人生をつくっていきます。日頃、自分が使う言葉がどれほどのパワーをもたらすか、意識したことはありますか？　**私が自分の人生を変えられたことの一つに、自分が普段使う言葉を、徹底的に前向きにしたことがあります。もちろん、今でも気をつけています。**

特に朝は潜在意識が活性化する時間なので、我が家は必ず「おはようマックス」と挨拶すると決めています。この言葉を言うことで、「私は元気マックスなんだ！」と潜在意識に聞いてもらうのです。夫も娘も私の申し出に快く付き合ってくれ、すっかり「おはようマックス」が定着しています。家の中だけでは満足できず、最近はTwitterや朝のライブでも「おはようマックス」を広めているんですよ（笑）。

間違っても「今朝はなんかだるいなぁ」とか「疲れてるな」なんて言葉を使っては

いけません。朝いちばんに「疲れてる」「なんだかだるい」と言えば、もれなくその日一日中、えらい、しんどいことが次々に起きることになるでしょう。

本来、朝はしっかりと睡眠がとれたところで、いちばん元気なはずなんです。スマホでいえば100%しっかり充電完了！　電波バリバリの状態なんです。

言葉の持つパワーがどれほどすごいかについては、いろいろな本に書かれているのでここでは割愛しますが、私は言葉のパワーの素晴らしさ、エネルギーの大きさを本当に実感しています。**自分の使う言葉を意識的に変えてから、どんどん人生が良くなり、引き寄せも加速して、チャンスが次々と訪れたからです。**言葉の持つ威力にもっと早く気づけていれば良かったなぁと思うので、娘には毎日言葉の大切さを伝えています。

私が使うのをやめた言葉

「でも、だって、どうせ」。私はこの三つの言葉を使うことを、**意識的にやめています。**なぜなら、この三つの言葉の後には、必ず否定的な言葉が続くからです。

そして、「いつか」も使わないようにしています。「いつかは来ない」とは、尊敬している経営者の方の言葉です。「いつか行きます」「いつかやります」「いつか会いましょう」――**この「いつか」は永遠に来ないんです。本気で人生を変えたかったら、つねに期限を決めなくてはいけません。**

「いつか」をやめて「いつまで」に。「いつかやろう」ではなくて、「今月中にやる」。「いつか会いましょう」ではなくて、「来月、いつ会いますか」に変えてみる。

「いつか」を使っている間は、人生は変わりません。「いつか」を「いつにする？」に変えるだけで、人生が大きく動き出します。

自分のことを無意味に卑下しない

特に気をつけてほしいのは、自己紹介をするときです。日本の文化では謙遜《けんそん》することが良いことと思われがちです。確かに、この〝謙遜する〟という行為は美しいと思いますが、間違った方向に使ってはいけません。

あるとき、尊敬している世界的なダンスアーティストＫＥＮＴＯさんのオンラインサロンのオフ会で、ある男性が、自分のことを「ただの会社員です」と自己紹介しました。するとKENTOさんが、「ただの会社員なんていないよ。あなたは夢を持つスペシャルな存在なんだから、ただの会社員なんて言っちゃダメだよ」と諭《さと》されたんです。このやりとりを聞いていて、私はとても胸が熱くなりました。

KENTOさんのオンラインサロンは、真剣に自分の夢を叶えたい人が集まる場所です。そこに来られた男性に、「あなたはスペシャルな存在なんだから！」と声をかけられたKENTOさんは本当に素敵だな、と思いました。

同じように以前、とある異業種交流会の席で、自分のことを「私は都内在住のしがないOLです」と自己紹介している女性がいました。その女性は「コーチとして独立したいんです」と言いながら、「しがないOLです」とおっしゃったんです。私はそのときも、どうして自分自身のことを卑下するようなことを言うんだろう？　とすごく不思議に思いました。

「綺麗ですね」「可愛いですね」「素敵なワンピースですね」とせっかく褒めてもらったのに、「そんなこと全然ないです！」「こんなの普段着で……」と返す人がいます。

でも、そうではなく、褒められたら、「わぁ、嬉しい。ありがとうございます」と笑顔で言えばいい。「素敵なワンピースですね」と言われたら、「私も気に入ってるんです。嬉しいです！」と答えたらいい。そのほうが言った側も嬉しいですよね。

自分のことを「ただの会社員です」「しがないＯＬ」ではなく、「いつも元気に挨拶する会社員です！」とか「ものすごく気が利くＯＬなんです」というふうに変えてみたらいいんです。自分を卑下する言葉を使わないようにする。これを日頃からぜひ意識してください。

言葉を変えることで、あなたのセルフイメージがさらに上がり、良いことの連鎖が起こるようになります。

↓

自分のパフォーマンスを落とす言葉を使っていないか？

望む未来のために断つこと③

言い訳をしない！

世界的に活躍されているモチベーショナルスピーカー、カイル・メイナード氏に、あるイベントでお目にかかりました。彼の講話に、私はとても感銘を受けたんです。イベント終了後の懇親会ではお話しするチャンスもあり、そこでの彼の言葉を今でも鮮明に覚えています。それは、「生きていくうえで言い訳はしない」ということ。

カイル・メイナード氏は１９８６年アメリカ生まれ。生まれながらに両手両足がないという障害がありながらも、高校アマチュア・レスリングではジョージア州のチャンピオンになります。やりたいと思ったことは子どもの頃から何でも挑戦する性格で、その後、なんとキリマンジャロ、アコンカグア登頂に成功するといった偉業を達成されています。

『No Excuses』という本も出版されているカイルの「言い訳をしない」。この言葉の持つ重みをものすごく感じました。

彼は自分の障害を言い訳にすることはありません。やりたいことは何だって挑戦する。そこに言い訳は存在しない。懇親会の席で、両手のないカイルは腕でビールジョッキを器用に挟み、美味しそうに飲んでいました。私はそんな彼にこう伝えました。「カイル、私も今日から精一杯、言い訳をしないように努力する。絶対に言い訳をしないとはまだ約束できないけど」

言い訳をしているうちは成長はない

人は言い訳の天才です。昨日は遅かったから、最近とても忙しいから、なんだか疲れているから……。言い訳はするすると、実にスムーズに口から出てきます。

かつての私も他ならない、言い訳の天才でした。でもカイルに出会って、まだまだ100%とは言えませんが、かなり言い訳をする機会は減りました。

言い訳をしている間は、成長はありません。言い訳をしたくなったら、そうではなく、潔《いさぎよ》く「できなかった」と素直に認めるのです。そうすると、改善点が見えてきます。次からどうすればいいのか？　どうしたらできるのか？　と考えて軌道修正をしていけば、必ず成長できます。

それでも言い訳したくなったら、「あ、私は今、言い訳しようとしているな」と素直に自分の感情を受け止めてみます。「言い訳している間は成長しないから、ここはちょっと踏みとどまって、次にどうしたらうまくいくか考えてみよう」と軌道修正してみましょう。言い訳したくなるような環境なら、環境を変えましょう。

私も決して完璧ではありませんが、**言い訳を減らせば減らすほど、人生は良い方向へとどんどん変わる。これは実感しています。**

↓

言い訳をしたくなったら、「できなかった」と素直に認めて、改善点を探そう！

望む未来のために断つこと④

コントロールできないことにエネルギーは使わない

私が自分の人生をより良くするために大切にしていることの一つに、「自分がコントロールできないことにエネルギーを使わない」というのがあります。

2020年に突如として現れたコロナウィルス。シンガポールは4月からロックダウンで、国民は政府から厳しく管理されることになりました。

今度、日本に帰れるのはいつなのかな？　大好きなハワイに行けるのはいつなんだろう？　また元通りの生活に戻れる日は来るのだろうか？　などと延々と考えて不安になったりしました。そして、去年の今頃は旅行に行ってたのになぁとか、遊びに来てくれるはずだった友達も来れなくなっちゃったなぁ……などと、自分でコントロールできない領域に対して随分とエネルギーを使っていました。

そんなときにふと、「私は今、どうしようもできないことに大切なエネルギーを使ってる！」と我に返りました。確かに去年の今頃は日本で楽しく過ごしたたし、あちこち旅行にも行けた。でもそれは過去のこと。これからコロナはどうなるんだろう。世界はどうなるんだろう。シンガポールにはいつ自由が戻って来るんだろう？——そんなふうに私がいくら考えたところで、答えなんてわからないじゃないか。

それならもう、考えるのはやめよう。自分がコントロールできない領域にエネルギーを使わないようにしよう。それより今この瞬間に、自分ができることに精一杯の力を使ったほうがいい。

あるのはただ永遠に続く「今」だけ

そんなふうに思えてきたとき知人に勧められて、田坂広志さんの本を読み、YouTubeで講演を見ました。

「過去はない。未来もない。あるのはただ永遠に続く今だけだ！」という言葉が胸に強く突き刺さりました。

そうだ、確かに過去も未来もないかもしれない（いや、あるかもしれないけれど……）。ともかく、私が集中するのは、この「今」なんだ！　この永遠に続く「今」という瞬間なんだよな！　よし、「今」に集中しよう。「今」自分の目の前にいる人たちを大切にしていこう。そう思ったら、心がスッと楽になるのを感じました。

これからの未来がどうなるかなんて、誰にもわかりません。**だから未来をあれこれ心配するのではなく、今この瞬間にあなたができることを精一杯やっていくこと。それが人生を大きく変えるために必要なことです。**そして同時に、幸せに生きることなのではないでしょうか。

↓

今この瞬間を大切に生きることが、いちばんの幸せにつながる

先延ばし癖をやめる

望む未来のために断つこと⑤

尊敬する女性経営者から聞いた、「即断、即決、即行動が、成功の秘訣」という言葉をとても大切にしています。成功している方は皆さん、本当に決断が速く、行動も速いのです。即断、即決、即行動ができているからこそ、お金をたくさん稼いだり、タイミング良くチャンスをつかんだりと、どんどん成功していかれるんですよね。

私もここ数年は即断、即決、即行動をかなり意識していますが、昔は全然違いました。やりたいことがあってもなかなか行動に移せず、やる前からできない理由などネガティブなことを考えてしまい、ズルズルズルズル時間がたって、まぁいいや……とそのままにする。そんなことがよくありました。

こんな自分を打破するのに必要なのは、「先延ばし癖をやめる」ことです。先延ばしをやめると自分のエネルギーが上がり、いつでもやるべきことをどんどんやれる人

になれます。当然、生産性が上がるので充実感もアップします。

先延ばしばかりしていると、いつも無意識の中で「あー、あれやってない。これもやってないなぁ」と、ずっと思い続けてエネルギーを消耗するんです。

スマートフォンが電波の圏外にあると、ずっと電波を探し続けて、通話しているわけでもないし、ネットを利用しているわけでもないのに、どんどんバッテリーを消耗してしまう。そんな経験はありませんか？　これと同じで、先延ばしにしていることがあると、私たちの脳は「あれやってないよな……」と、何を行動したわけでもないのにエネルギーだけを消耗してしまうんです。

先延ばししていることを全部書き出してみる

先延ばし癖をやめるだけで、人生はどんどん良くなります。

たとえばクリーニングに出さなくちゃいけない洋服をずっと放置していたり、断捨離をしようと思いながらもめんどくさくてクローゼットがパンパンで、収納もぐちゃぐちゃだったり。読書したいんだけどなと思いながら、読みかけの本がワンサカ放置されていたり。そういえばお礼のメール書かなきゃと思ってたんだけどなぁ……。こんなふうに、書き出したらキリがないくらい、私たちは日常生活で「まぁ後でいいか」と先延ばししていることがあるものです。もちろん私にもあります。**ですから、思い立ったときにすぐに行動するんです。連絡をする。メールの返事をする。先延ばし癖をやめるだけでパフォーマンスが上がり、自信も一緒についてきます。**

さぁ、今あなたが先延ばししていることをどんどん片付けていきましょう！

まずは、先延ばししていることを全部書き出してみてください。それは今すぐやるべきことでしょうか？　保留でしょうか？　もしかして、もうやらなくてもよいこともあるかもしれませんし、他の誰かに頼めることもあるかもしれませんね。

ここで頭の中にある「あ、あれやってない！」をすべて書き出して、整理しちゃいましょう！

➔ 先延ばしをやめると、人生は一気に加速する

あなたが今、先延ばししていることを、すべて書き出してみましょう

1 2 3 months

3カ月目のレッスン

コンフォートゾーンを脱して、新しい自分に会う

ここまでのレッスンで、あなたは自分自身が
大きく変わったことを実感しているでしょう。
いくつもの新しいチャレンジの結果、
あなた自身のエネルギーが上がっているはずです。
最後の仕上げとして、
人生に劇的な変革をもたらすワザをお伝えします。

居心地の良いコンフォートゾーンを抜け出す

ここからは、あなたの人生のステージをさらにドーンと上げていくためのレッスンです。あなたがもし、今の人生をさらに加速してステージを上げたい！　と思うなら、コンフォートゾーンからの脱却が必須です。


コンフォートゾーンとは、居心地の良い環境のこと。

今いる環境に、そのまま居続ける限り、人生は変わりません。

成功者は皆、口をそろえて言います。

「人生を変えたいなら、環境を変えるのがいちばん速いよ。環境を変えることで、人生は変わらざるを得なくなるんだ」


実際、私は環境を変えることで、人生を大きく変えることができました。

ちょっと居心地が悪いなぁ、ここはアウェイだなぁ、と感じれば感じるほど、新しい視点に気づかされ、脳に新しい回路が生まれます。新しいことにチャレンジし、成長することができるのです。

人生を思い切り変えたい！　と思うあなたは、居心地の良い環境を思い切って脱出し、あえて居心地の悪い環境に身を置いて、変化を楽しんじゃいましょう！

3カ月目のレッスンは、コンフォートゾーンを打ち破り、まだ見ぬ自分に会う！をテーマにお伝えします。

さぁ、人生をより豊かに変えていきましょう！

1 2 3 months

住環境を整える

人間は「環境の動物」です。日常生活を送る環境こそが、あなたをつくります。今住んでいる家、今勤めている職場、今あなたが身を置いている人間関係、この三つの環境は、あなたの人生において、ものすごく、ものすごく重要な意味を持つのです。

一言で言えば、「家」「職場」「人間関係」の三つを変えることができれば、誰でも人生を大きく変えることができます。でも、その反対に、今までずっと同じ家（同じ地域）で暮らし、同じ職場で働き、学生時代からずっと変わらない人間関係の中で過ごしているような方は、残念ながら、人生はそう変わらないでしょう。

片付けが苦手だった、かつての私

私は結婚するまでずっと実家暮らしでした。自由を謳歌《おうか》したい！　一人暮らしをしてみたい、と何度も思いましたが、手取り22万ほどのお給料で一人暮らしをするとなると、欲しいものは買えないだろうし、大好きな旅行にも行けなくなるよなぁ……と早々にあきらめて、そのまま実家暮らしを続けていました。平日は家と会社の往復で、週末は飲み会やクラブで遊んでばかりでした（笑）。

今の私からは想像できないと言われますが、自分の部屋はつねに散らかり放題で、机はもはやその機能を果たしておらず、本や雑誌やメモが散乱。部屋中に脱いだ洋服、バッグや小物、雑誌が散乱。ベッドの上にも雑誌や服が置きっぱなしと、絵に描いたような汚部屋でした。

当然、セルフイメージも低く、「どうせ自分には無理だろう」と、やる前からあきらめたり、何をやっても続かない三日坊主。平日は二度寝を繰り返しながら、なんとか会社に間に合うぎりぎりの時間に起きて、当然、不機嫌。土日は昼過ぎまで寝ているような、だらしない生活だったのです。

今こうして書きながらも、あの頃の私は、なんて人生を無駄に過ごしていたんだろう……と呆れます。

それが、結婚して小田原に引っ越したのをきっかけに、生活習慣を改めよう！　とようやく気合いが入ったのです。物を徹底的に減らし、綺麗好きの夫に感化され、徐々に片付けられるようになりました。

それでも、根っからのおおざっぱな性格が災いして、「見えるところが綺麗ならいいや」と、とりあえず物を突っ込んでおくという、見せかけだけの片付けをしていたんです。

昔から整理整頓や収納は大の苦手でしたが、小田原から横浜に引っ越したとき、初めてプロからお片付けレッスンを受けたんです。これでようやく片付ける方法というのがわかりました。物を減らして、動線を整えることで、家事も効率良くできるようになりました。

今は昔の自分とは別人のようになり、物も少なく、片付けられるようになったんです。そればかりか、「散らかっているとイライラするから片付けよう！」と娘に言うくらいに。昔の私からは想像できないくらいの進歩です。

部屋が片付くと、もれなく運気が上がります。そして引き寄せがどんどん叶います。

お部屋は、心の状態を表わすんです。お部屋がとっ散らかっていると、思考ももれなくとっ散らかってるんです。

私が好きな仕事をできるようになり、次々チャンスに恵まれるようになったのも、片付けが習慣化できてからだと実感しています。

なんだか心が落ち着かないな、やりたいことが明確にならないな、気持ちがぶれるな、そんなふうに感じるときは、たいてい部屋が片付いてなかったり、物が増えているはずです。

まずは、あなたが普段過ごす空間を片付ける！　お部屋を理想の環境にしちゃいましょう！

家をパワースポットにする！

家をパワースポットにする。私はここ数年、これを心がけています。どんなに有名なパワースポットにお参りしたところで、肝心の家が汚くては、ご利益なんてありません。

まずは自宅を片付ける！

これだけで、あなたのセルフイメージもぐんとアップすること間違いなしです！

そして、間違いなく人生がどんどん良い方向に進みます。片付けは、お金もかからず、今すぐできますよ！

さぁ、まず物を減らして、すっきり快適に過ごす家を目指しましょう。

オススメは、毎週どこを片付けるか、明確に決めること。まずは手をつけやすい場所から始めましょう。

クローゼットやキッチンは、綺麗にすると人間関係が良くなると言われています。

まずはそこから始めるのが、オススメです！

↓

計画を立てて、毎週少しずつ片付けていこう！

思い切って、職場を変える

先日、ある経営者の方から、こんな話をうかがいました。

「かつて会社員だった頃、自分には野心も夢もあったけれど、周りには誰一人夢を語る人はいなくて、いつも仕事やお客、家族の愚痴を言っているような人ばかりだった。だから、自分は無口で暗い人間を演じた。本当は明るくユーモアにあふれて大のお笑い好きだった。おしゃべりも好きだったし、社交的な性格だった。

でも、それだといろんな人から話しかけられたり、誘われたりする。だから自分は、会社では別人を演じていた。

それで、会社では誰とも会話せず、飲み会に誘われることもなく、非常に快適だったんだよ」

この話を聞いて、思わず吹き出してしまいましたが、同時に「なるほどなぁ」と、とても納得したんです。

人は間違いなく、一緒にいる人からものすごく影響を受けます。あなたが気をつけていても、他人の言葉は無意識のうちに、潜在意識に入ってきてしまいます。

ですから、もし職場の環境があまり良くないとか、人間関係が好ましくないけれど、それでも今すぐ部署を変えたり、転職が厳しいという方は、職場の人とは境界線をしっかり引いて、オンとオフのメリハリをつけてください。

あなたがプライベートで大切にしたいと思う人間関係を、いちばん大事にしてほしいと思います。今あなたの心に浮かんだ「大切にしたい人」を、もっとも大切にしてください。

職場で過ごす時間を計算したことがありますか?

私がいただくご相談でとても多いのが、職場に関することです。

多くの方にとって、職場は1日の中でもっとも長い時間を過ごす場所ではないでしょうか? ということは、意識していなくても、あなたの潜在意識はもれなく職場からの影響を受けています。職場の環境が素晴らしいという方も、ちょっと嫌だなと思っている方もいらっしゃるでしょう。

1日8時間労働として、週に5日で40時間。

1カ月で20日間勤務するとして、800時間。

さらに1年にすると……、なんと9600時間です。

9600時間もの貴重な時間を、嫌な気持ちで過ごす。自分の感情を押し殺して、我慢に我慢を重ねて過ごす。**それは、あまりにもったいない生き方です。**

今の職場がどうしても自分には合わないと思っているなら、思い切って転職をしたり、部署異動を申請したり、それも難しいなら、職場の合わない人とは、きっちり境界線を引くことです。

私はOLも経験しましたが、嫌だなとか、もっと違うことしたいな……と思ったら、迷わず転職をしてきました。派遣社員や契約社員として働いたこともありましたが、その時々でやりたい仕事を経験できたことは、今思い返しても良かったなぁ、と思います。

会社を辞めるために動き出す

もし、あなたが今、職場に不満があったり、やりたくもない仕事をずっと続けているのなら、ぜひこれを機に、会社を辞める、転職をする、フリーランスとして活動する、などの決意をしてほしいのです。

そうはいっても、そんなに急に会社を辞めるのは難しい……。そんな声が聞こえてきそうです。確かに、今すぐ会社を辞めてください！　とは言えません。

では、辞める期限を決めましょう。そして、今すぐあなたが望む仕事、望むキャリアを叶えられそうな会社を探しましょう！

とにかく、今からできる準備をしてください。チャンスはいつ、あなたのもとに訪れるかわかりません。**しかも、チャンスは準備しているところにしか来ないのです。あなたが動き出した瞬間から、チャンスの女神はあなたのことを見ていますよ！**

もう年だから、不景気だから、経験がないから……などと勝手な思い込みで、まだ始まってもいないゲームを終了させてしまうのは、あまりにもったいないことです。

あなたの大切な時間とエネルギーを、不満だらけの職場で消耗することをやめる。
これだけで、あなたの人生は大きく変わります。

↓

自分に合った職場環境を探そう！

無理な人間関係は、手放す

私が学んだコーチングは、アドラー心理学をベースとしています。アドラーは、「人の悩みのほとんどが人間関係からきている」と言っています。

実際、日々いろんな方から人間関係のご相談を受けます。人生を変えたいなら、人間関係を見つめ直し、自分にとって心地良い人間関係に身を置くことが大切です。そして、自分が望む未来の先を歩いている人たちとともに過ごすことも大切です。

周りに志が同じ仲間がいますか？

あなたがもし、今は会社員だけれど、将来は起業したい……と思っているのに、いつも付き合っているのは会社員ばかりで、会社の愚痴を言いながら、ずっとその会社に居続けるような人たちだったら？　「まぁ、なんだかんだ言っても、定年までこの会社にいるのが安心だよ」、なんて言っている人だったら？

間違いなく、起業は何年たっても実現しないでしょう。

でも、いつも会っている人たちが、あなたと同じく起業を目指して副業を頑張っていたり、フリーランスになるための勉強を一生懸命にしていたり、あるいはすでに起業した人たちだったら、どうでしょうか？ **あなたは周りから良い刺激をもらえるし、自分も同じように成長していこう！ と思えますよね？**

ダイエットしたいと思っているのに、食べることが大好きで、ビュッフェが趣味の友達といればダイエットは厳しいでしょう。でも、栄養学を学んでいたり、筋トレやジムに通う友達が多ければ、あなたも自然とダイエットへのモチベーションが湧いてきますよね？

同じ方向を向いている人と過ごす

私が真剣に起業を目指したとき、周りに会社員の友達はほぼいませんでした。専業主婦の友達もいませんでした。会社員の友達は起業を目指してせっせと副業に励んでいましたし、ママでも仕事をバリバリこなす友達を見て、自分も絶対にやれるはずだ！ 仕事も育児も両立して頑張ろう！ と思ったものです。

意志だけではどうにもできないのが人間です。悲しいかな、人間は楽なほうへ楽なほうへと流れていってしまうのです。だからこそ、自分が多大な影響を受ける人間関係が重要なんです。

あなたが望む未来と、同じ方向を見ている人たちと一緒に過ごしましょう。間違っても、あなたの夢や目標をバカにしたり、否定する人と一緒にいてはいけません。いつも愚痴や不平不満ばかりの人とも一緒にいてはいけません。

人間関係は、人生を大きく変えるのにとても大切なもの。ザワザワする人や、一緒にいると気持ちが落ち込んだり、やる気を失うような人とはどんどん距離を置いていきましょう!!

そういう人がもし身近にいるなら、夢や目標は決して口にしないこと。**あなたの夢は、あなたの宝物です。本当にわかってくれる人とだけ共有してくださいね。**

↓

あなたと同じ方向を向いている人と一緒に過ごそう!

朝起きる時間を変えてみる

環境を変える勇気がなかなか出ない方に、とっておきのオススメがあります。**それは、「朝の起床時間を変える」です。**

実は、たまたま見ていたYouTubeである経営者の方が「環境を変えると成功する」という話をされていて、その中で「朝起きる時間を変えてみるのもオススメ」という話をされていました。

なるほど！　確かに住む場所、職場、人間関係などを変えるのは、ちょっと勇気も必要だし、今すぐにできない方もいらっしゃるかもしれません。けれど、「朝起きる時間を変える！」は、すぐに誰でもできる方法だと、とても共感したのです。

そして、これも机上の空論ではなく、実践しました。

実は私、早起きが大の苦手で、何度もマイコーチに、「朝起きられないんです。早起きが続かないんです」と相談していました。そんな私が、朝早く起きられるようになり、次々に黄金習慣を身につけて、そのうえ、自分が先頭に立って朝活まで始めたんですよ。

３００名近い朝活の参加者の皆さんからも、「朝早く起きるとめちゃくちゃセルフイメージが高くなる！」「朝早く起きるだけで、いつもの3倍も4倍も生産性が上がる！」「早く起きると、やりたいことにどんどん手をつけられている！」と、大絶賛の声が届いています。

朝早く起きると、なぜ人生が変わるのか？

ではなぜ、「朝、起きる時間を変えること」で、人生が変わるのでしょうか？

まず、朝はいちばん、人のエネルギーの数値が高いのです。

「え？　朝って、起きたばかりだから、なんだかだるいよね……」というのは昔の私なのですが、きちんと上質な睡眠をとって目覚めた朝は、間違いなくバッテリーがフル充電の状態。そして、まだ誰も起きていない朝の静寂は、まさに自分だけの黄金時間なのです！

さらに、朝起きてから40分間は潜在意識が活性化していますから、この時間を使って、未来のなりたい自分へ近づく学びや、ジャーナリング（頭に浮かんだことを紙に書き出すこと。書く瞑想とも）を行って思考を整理することで、1日の初めに【最高のセットアップ】ができるというわけです。

私が昨年、周囲にオススメしまくった本に、ハル・エルロッド著『THE MIRACLE MORNING 人生を変えるモーニングメソッド』（大和書房）があります。この本には、朝の時間がどれだけ自分の人生を変えてくれるかが書かれています。**朝早く起きない人は人生を損してる！　としか思えないくらいです。**

「朝時間が自分に革命をおこす」というサブタイトルがついていますが、もう100いいね！　くらい押したい気分です。

そうなんです！　大切なことは1日の最初にする！　そう、潜在意識が活性化している時間帯に。

朝を心地良く最高の状態で過ごすことで、1日が変わり、1週間が変わり、1カ月が変わります。

ぜひこれを機に、「朝10分早く起きる生活」をスタートしてみませんか？

↓

今よりほんの少し早起きする習慣をつけよう！

朝を制する者は、人生を制する

「朝を制する者は人生を制する」という言葉がありますが、朝、ほんの少しだけ早く起きて、その時間を自分のためだけに使ってみると、本当に気分良く1日を始められます。

朝を気分良く過ごすと、1日が気分良く過ごせます。

1日を気分良く過ごせると、1週間が気持ち良く過ごせます。

これを4周すると、1カ月です。

何事も、習慣化できるには21日間続けることが必要だと言います。つまり、3週間、早起きを続けることができれば、それは習慣になるのです。

もちろん、どうしても朝が苦手な方もいらっしゃるでしょう。

私も長年、早起きができず、目覚ましのスヌーズをひたすら繰り返していました。

ですから、その気持ちは本当に、本当にわかります。

でも、朝早く起きると、なんともいえない清々しい気持ちになります。〝もう少し寝ていたい〟という誘惑に打ち勝つことで、ものすごい自信になるんです。

朝が苦手な人のための早起きする方法

明日から、今よりほんの少しだけ早く起きて、それを習慣にしませんか？

朝が大の苦手だった私が試してみて効果のあった方法を、ここでお伝えしますね。

・早起きしたらやってみたいことを、すべて書き出してみる
・スヌーズ機能をやめる（一発で起きる）
・朝起きたらすぐに窓を明ける
・朝、目が覚めた瞬間に微笑んで深呼吸する
・二度寝したい誘惑に襲われたら、「5、4、3、2、1」と5秒カウントする
・5秒数えたら、「ダーッ！」と声を出して起きる

この「5秒数える」というのは、メルロビンズ氏の「5秒ルール」という方法です。

人は5秒たつと言い訳を考えるそうです。そのため、言い訳を考える前に行動を起こしちゃおう！　というのが、このルールなのです。「5秒ルール」はいかなるシーンにも使えます。ぜひ、言い訳をしたくなったら、5秒カウントをしてみてください。

私が人生を変えたきっかけは、アメリカのトップコーチ、リー・ミルティア氏の教えが大きいのですが、彼女の教えで、もう何年も意識していることがあります。**それは、「朝起きてからの40分間と、夜眠る前の40分間は、潜在意識がいちばん活性化する時間である」ということ。**

潜在意識が活性化している朝の40分は、自分の望む未来へつながるための時間にしています。この時間は、とにかく無駄な情報を見ない、聞かない。これだけでもあなたの人生はどんどん良い方向へと向かっていきますよ♡

↓

朝の時間が、あなたの人生に大きな変革を起こす！

効果抜群！引っ越しで一気に人生を変える！

「引っ越し」は、間違いなくめちゃくちゃパワフルに人生を変える方法です。

ここまで環境を変えることがいかに大切かについてお伝えしてきましたが、「引っ越し！」はとても大きなインパクトがあり、人生が一気に加速します。「引っ越しが、もっとも速く運気を上げる方法！」とおっしゃる開運アドバイザーや占い師の方もいます。

私自身、引っ越しを重ねるごとに収入が増え、生活習慣が大きく変わり、人生がより良く変わってきています。クライアント様も、思い切って引っ越しされた方は、その後に人生が変わるスピードが速く、そのスケールも大きいんです。

環境を変えると、収入も上がる

私は2019年の夏に、憧れだった海外移住を叶えました。場所はシンガポールです。なぜシンガポールだったのか、理由はYouTubeで詳しくお話ししているので、興味がある方は、ぜひそちらも見てくださいね。

シンガポールは物価が高いことで有名です。特に家賃は高く、日本の2倍以上します。中心地の2LDKで相場は30万を少し超えるくらいでしょうか。家賃に加え、教育に関する費用も、まぁお高い。娘のインターナショナルスクール、習い事などなど、試算してみると、日本にいた頃のどうやら倍以上の生活費がかかりそうです。

夫と相談し、まず最初の1年はおとなしく様子を見ようということになり、贅沢なコンド（こちらではマンションのことをコンドミニアムと言いますが、略してコンドと呼びます）はやめて、3LDKのまぁまぁ満足するレベルのコンドに決めたのです。

立地も良いし、コンド内にプールもジムもあるし、不満はありませんでした。ところが、シンガポールに住むミリオネアの知人宅にお邪魔したところ、その圧倒的な広さと美しさ、快適さに感動し「あぁ、もっと広くて見晴らしの良いところに住みたいなぁ」と思ってしまったんです。するともうたまらなくなり、なんとなくインターネットを見ていると、理想的なコンドが目にとまりました。

ちょっと見るだけでも……と内覧すると、一目で気に入ってしまい、「こんなところに住めたら、毎日モチベーションも爆上がりするだろうなぁ。仕事もはかどりそうだなぁ！」と思ってしまったんです。そうなると、もう止まらないのが人間です。洋服やバッグをちょっと見るだけのつもりで入ったお店で、うっかり買ってしまった！　なんていう経験は、誰にでもありますよね？　まさにそんな感じで、今住んでいるコンドの契約期間が残っているにもかかわらず、新しいコンドを契約してしまったんです。

こちらは契約期間がとても厳しくて、2年間は解約できません。結局、その間、2か所の家賃を払わないといけなくなりました。最初のコンドの家賃は日本の家賃の約2倍、そして新しいコンドは、日本の家賃の約4倍。こうなったら稼ぐしかありません。

でも、私には確信がありました。

「環境を大きく変えたら、収入のステージは必ず上がる」

これは、周りの成功者たちに共通する考え方でした。

そして同時に、私自身が環境を大きく変えることで、収入や習慣を変えることができたら、皆さんにも自信を持って、環境を変えることの重要性をお話しできると思ったのです。まさに、「私が証明です！」ってやつです（笑）。

私は机上の空論が好きではありません。他の誰かから聞いた話や、ネットで見た情報を、さも自分が経験したことであるかのようにSNSに投稿する人がいますが、私は自分自身で経験したこと、実際にやってみたことをお伝えするのが本当だと思っています。それは私のメンターが、つねづねそう言われているからです。

ですから、これはチャンスではないか、と思いました。自分自身を新しい環境に置いて、ダブル家賃を支払う状況に追い込むことで、もっともっとパフォーマンスが上がれば、「環境こそが人生のステージを大きく変える！」と証明できる。

長い間できなかった早起きが習慣化

新しいコンドを契約した後、10以上の収入源を持つ実業家の方に、「どうしても住みたかったので、思い切って契約してしまいました！」と報告すると、「あら、それは良かったわね。TAEちゃん、もっともっと稼げるようになるわよ！　間違いない。私が保証する」と笑って言ってくださいました。

実際、コロナ禍にもかかわらず、収入は右肩上がりで、過去最高月収を記録できたのです。

収入だけではありません。今までずっと悩みの種だった、「早起きが続かない」、これもあっさりクリア。買いためていた本も毎日読めるようになり、充実感が増しました。さらには毎日の運動も習慣化できて、加えて家事をまったくしない夫までが、住環境が大きく変わったら、部屋を積極的に片付けてくれるようになったのです。これには驚きました。

住環境を変えることが、こんなにも大きな成果をもたらすということを、私は身をもって立証できたわけです。

売上が15倍以上になったクライアント様

住環境を変えると人生が加速するというのは、私に限った話ではありません。長年にわたってサポートをさせていただいている、エステサロン経営者の早織さんという方がいます。

私と知り合った頃、彼女は愛知県の田舎で自宅サロンを営んでいました。それが、あることがきっかけで、「東京でサロンをやらないか?」というお声がかかったのです。彼女はかなり悩んでいましたが、「環境を変えて頑張ってみようよ! 私もサポートするから!」と背中を押して、ようやく決心されました。長年慣れ親しんだ愛知を離れ、お客様ともお別れをして、東京・表参道でサロンオーナーとして、ゼロから再スタートをしたのです。

当初はなかなか売り上げが上がらず、集客にとても苦労していました。でも、彼女のひたむきな努力が功を奏して、徐々に口コミでお客様が増え、協力してくれる方も次々と現れるようになりました。

そして、愛知にいた頃のなんと15倍以上もの売り上げを記録!! 新しい人脈にも恵まれて、人生のステージを数段階上げられました。愛知時代とはもはや別人です。あのとき思い切って引っ越して、本当に良かったなぁ! と心から思います。

誰でも未知の場所に移るのは不安です。
でも未知な場所へ移るからこそ、思考が変わり、行動が変わる。

変わらざるを得ない状況に自分を置くことで、人生は大きく変わるんです。

そうはいっても、やはり今の自分に引っ越しは難しい……。

そう思われる方も少なくないですよね？

そんな方はぜひ、今住んでいる環境を大きく変えちゃいましょう！

お部屋の模様替えはとても良い気分転換になります。カーテンを変えたり、観葉植物を置いてみたり、あるいは家具をちょっと変えるだけでも、印象がガラリと変わりますよ！　もちろん、断捨離して物を減らすこともお忘れなく。

心地良い環境は、あなたに「黄金習慣」を連れて来てくれます！

住む環境を変えて、あなたが手に入れたい習慣を身につけちゃいましょう！

↓

住環境を変えることで、あなたの人生は加速する！　どこから変えますか？

悩むなら、動きながら悩もう

悩むのが趣味なのか？　と思うほど、年がら年中悩んでいる友人がいます。本人も、「私は年中悩んでいる。どうやら私は悩み癖があるらしい」とネタにしているくらいです。とにかく悩んで悩んで、行動に移せないでいます。

その友人はフリーランスで仕事をしていますが、苦手意識のあったオンライン化を進めようと思い、手始めにSNSをやってみよう！　と決めたまでは良かったのですが、そこからブログにしようか、ブログならアメブロがいいのか、ワードプレスか、やっぱりFacebookにしようか、それともインスタがいいか、Twitterがいいか、やはり動画かな……？　とあれこれ悩んでいるうちに、2カ月もたっているではありませんか！

「悩んでいるうちに1年終わるよ！」と背中を押しまくり、「じゃぁ、Twitter始めてみる！」と決めたものの、次は「何を呟いたらいいんだろう……」とまた1カ月も悩んでいるのです。

私は彼女にこう言いました。

「最初はフォロワーなんて誰もいないんだから、誰も〇〇ちゃんのツイートなんて見てないよ！（笑）。だから安心して！　好き放題呟いて！　まず練習だよ！　キャッチボールの相手もいないのよ。今は壁打ちなんだから！」

すると、彼女はようやく安心して「Twitterのアカウントを作成し、まずは呟く練習！と友達同士でやりとりを始めました。大きな進歩です。

動くことで、次の一手が見えてくる

私も悩むことはあります。でも、悩んでいて何か進むのかというと、悩んでいる間は止まっているんですよね。**だから私がオススメしたいのは、「悩んでもいい。悩みながらも少しずつ進んでいこう！」ということ。**

たとえば、「Twitterを始めると決めたなら、まずアカウントをつくる。そして、1日1ツイート！　何でもいいのでスタートすることです。

動き出すことで、次の一手が見えてきます。1年は本当にあっという間です。悩んでいる間に刻々と時間は過ぎていきます。最初からうまくいくなんてことないし、誰もが最初はゼロからのスタートです。

いえ、むしろ「最初からうまくやろう」なんていう考えはおこがましい！　と私は思うのです。だから、さっさとやってしまおう！

今あなたが悩んでいることがあれば、少しでも動きながら悩んでください。動くことで気づきがあり、新たな行動が起こせるようになります！

前向きに悩みましょう！

今、あなたが悩んでいて、行動が止まっていることを書き出してみましょう。その隣に、すぐにできる一手を書いてみてください。

↓

悩むなら、同時に小さな一歩から動いてみよう！

1
2
3
months

瞑想でより豊かな人生を手に入れる

コロナパンデミックに見舞われた2020年。多くの方から、不安や恐れで気持ちが落ち着かない、いつもふさぎこんでしまう、無性にイライラして家族に八つ当たりしては自分を責めてしまう……そんなご相談を受けました。

私もロックダウンのときには本当に絶望的な気持ちになり、これがいつまで続くの？ 生活はどうなるの？ と不安を感じましたから、皆さんの気持ちはよくわかります。

そこで最近、私が朝と夜のルーティンに取り入れている「瞑想」を、皆さんにもオススメします。日常的にストレスを感じている方にもオススメです。

瞑想というとなんだか難しそうだな、と思われるかもしれませんが、そんなことはありません。**瞑想を生活に取り入れることで、人生はより良く変容していきます。まず心が穏やかになります。集中力が上がる、自分が本当に望むものが明確になる、**

感謝の気持ちがあふれる、生産性が上がるといったデータも多いのです。

そして、瞑想はいつでもどこでも気軽に試すことができますし、1日数分でも効果があります。**まず朝の3分瞑想から試してみてはいかがでしょうか？**

瞑想には様々な方法があり、どれが正しいということはありません。自分に合うもの、心地良いと感じるものを続けることです。目を閉じて自分の呼吸に集中し、何か思考が浮かんできたら、その思考をジャッジせず、「あ、今、昨日の嫌な出来事を思い出したな」とか、「今日のご飯のことを考えたな」などと、ただただシンプルに受け流していくのです。

等身大の自分を感じ、今ここに集中することで心が落ち着いてきます。

ぜひ、あなたに合う瞑想を見つけて、習慣化してみてくださいね。

↓

朝3分の瞑想をしてみる

運を味方につける

これまで数々の成功者と言われる方とお会いしてきましたが、皆さんに共通するのは、「私は本当に昔から運がいいんだよ」とおっしゃること。**「運がいい」とか「持ってる！」「引きが強い」など言い方はいろいろありますが、何かしら見えない力を味方にされていることは間違いありません。**

ここで、私が日頃からとても大切にしている、「見えない力」についてお伝えしたいと思います。これも人生を豊かに変えるためには、非常に重要なことです。

「そ・わ・か」の法則

「TAEさんはよく、掃除することで運気がアップするとか、笑顔、感謝が大切だよとお話しされていますが、小林正観さんの本を読まれているのですか？」

クライアント様にこう尋ねられたことがあります。恥ずかしながら、そのときまで小林正観さんを存じ上げなかったのですが、ご自身の体験からスピリチュアルが持つ力を様々な形で教えていらっしゃる、とても素敵な方なのですね。実際にお会いして講話を聞きたかったなと思いながら、著書を何冊か拝読しました。

心の底から共感したのは、『「そ・わ・か」の法則』（サンマーク出版）です。「そ」は掃除、「わ」は笑い、「か」は感謝。「掃除」「笑い」「感謝」が運気を上げて幸せな人生を送る秘訣だと言われています。「そ・わ・か」の法則を日頃から意識することで、神さまが味方してくれるのです。

非常にシンプルな法則ですが、確実に運気を上げ、幸せな人生へと導いてくれる、不変的な法則です。しかも、今すぐ取り入れることができます。とっても素敵な法則ですよね。

私はトイレ掃除を日課にしています。特に嫌なことが起きたときや、気分を切り替えたいときに、必ずトイレ掃除をしているんです。

巻き込まれた詐欺事件

実は、夫が会社を辞めて起業したばかりの頃、ある詐欺師に会い、退職金をまるまる取られてしまうという事件が起きました。今思い返すと、あれは学びだったのだなぁ、としみじみ思うのですが……。

その頃の私たちにはまとまった貯金もなく、起業にはあれこれお金が必要で、それまでにやっと貯めた定期貯金を切り崩しながら生活していました。

夫に「定期預金に入れたいから」と無理にお願いして、何とか貯めてきた貯金を引き出しに行くたび、ものすごくみじめで情けない気持ちになりました。田舎だったので銀行の窓口の方も数名しかいなくて、何度も定期貯金を崩す私は、完全に覚えられていました（苦）。

窓口の方に、「え？　また崩されるのですか？」と、呆れた表情で言われたこともありました（これはもちろん私の主観ですが、当時、そのように感じたのです）。

そんな生活だったので、やっとまとまった額の退職金を貯金することができて、喜んだのも束の間。詐欺師は起業したばかりの夫にあれこれうまい話をもちかけ、夫はあっという間に退職金すべてを失ったのでした。

そのときのショックは相当なものでした。毎晩、夫とため息ばかりついて、家はシーンと静まり返り、まるでお通夜のよう。

いつもうすら笑いを浮かべ、上から目線で偉そうに話すその人を、なんだか胡散臭《うさんくさ》いなぁ、怪しいなぁ、とは感じていました。「本当に、あの人にお金を託して大丈夫なの？」と夫に尋ねましたが、夫は友人から、「あの人にまかせておけば絶対うまくいく。すごい実績がある人だから、大丈夫だよ！」と熱心に勧められて、その気になったようでした。これは後でわかったことですが、その友人も騙されていたのです。

あぁ、私の直感は正しかったんだ!!　なぜもっとよく考えるように、夫に言わなかったんだろう。退職金をすべて渡してしまうなんて……と、後悔、後悔の日々。

あぁ、あのお金があったら、大好きなハワイにビジネスクラスで行けたのに……。もう戻ってこないお金に執着して、何度も泣いてしまいました。きっと、夫ものすごくつらかったことでしょう。

でも、後悔したところでお金が戻ってくるわけではありません。一刻も早く、その詐欺師との関係を断ち切りたいと思いました。もうお金は返ってこない。甘い話を鵜呑みにした夫が間違っていたのだ。かなり高い勉強代でしたが、それより、しつこくいまだに連絡をしてくる詐欺師ときれいさっぱり縁が切れますように!!　とエンジェルに祈りながら、私は毎日、「ありがとうございます、ありがとうございます」とぶつぶつ念仏を唱えるように言いながら、せっせとトイレ掃除をしていたんです。

この頃はもちろん、小林正観さんのことは知りませんでしたが、「トイレ掃除は運気を上げる」ということと、「ありがとうの言霊が最強！」ということを強く信じていましたから、この二つをかけ合わせて毎日やろう！　と決めたんです。そして、ありがたいことに、その年に綺麗さっぱり、詐欺師との縁も切れたのです。

私はこの事件で、「トイレ掃除」と「ありがとう」のパワーは本当にすごいな、と実感したのです。しかも、夫はそこからビジネスのご縁に恵まれ、チャンスをものにして、次々と仕事で成果を上げることができました。

あぁ、あのときは本当に大変だったけど、恨みつらみを言ったりせずに、起きたことを粛々《しゅくしゅく》と受け止めて、「ありがとう」と言いながらトイレ掃除を続けていて良かったわぁ、と胸をなでおろしたのです。

お掃除と感謝を大事に

ちなみに、正観さんは「ありがとう」という言葉にはものすごくパワーがあるということも、お話しされています。

正観さんのおっしゃっている「そ・わ・か」の法則はシンプルで誰にでもできて、続けることでものすごいパワーを与えてくれます。こればっかりは科学で証明することは難しいのですが、**私は何度も、「トイレ掃除」と「ありがとう」の言霊が持つパワーにピンチを救ってもらっています。**

もちろん、「心から感謝する」ということも忘れません。今こうして生かされていることに感謝する。自分を取り巻くすべてのものに感謝の心を持つ。それによって悪いエネルギーが浄化されて、良いエネルギーがやってくるのではないでしょうか？

誰でも、ものすごくショックな出来事があるとふさぎこんでしまうし、どうしてこんなことになったのか……と自分を責めたりします。でも、いくら責めても過去を変えることはできません。だったら、「こんな状況だけど、生活はできるし、これを学びにさせていただく」、という感謝の気持ちを大切にしたほうが良いのです。

「有難《ありがと》う」という言葉は、「難が有る」と書きますよね。「難が有る」から「有難う」。

どんなことからも、「そこから自分は何を学ぶのか?」という姿勢でいることが、次に素晴らしいことを引き寄せてくれるのだと思います。

↓ 小林正観さんに学ぶ「そ・わ・か」の法則は、シンプルで最強の運気アップの法則

1 2 3 months

1日の終わりに「あと1本！」の法則

1日を終えるとき、これをするだけで充実感を味わえて、もっと自分に自信が持てるようになるワークをお話しします。私自身、これを2年ほど前から始めたのですが、寝る前の充実感が圧倒的に高まって、セルフイメージも上がります。

それは、**寝る前に、「今日は自分のバッテリーを使い切ったかな？」と自分自身に質問をすること。**スマホのバッテリーをイメージしてください。フルに充電したら100％ですね。これが仕事をしたり、家事をしたり、勉強をしたりでどんどんバッテリーが減っていき、夜になって残りのバッテリーは20％。この20％を残したまま寝てしまうのか、あと20％を使い切ってから眠りにつくのか？　というワークです。

今日はめちゃくちゃ疲れた！　と思う日はバッテリーを気にせず眠りについて良いのですが、なんだか今日は想定外のことが多くて、あまり生産性の上がらない1日だったなとか、今日は思うようにことが進まなくて不完全燃焼だったなぁ……というときこそ、このワークの出番です。

「さぁ、寝る前にもう1本！　何をしようか？」と自分に質問してください。

そこで出た答え、たとえばストレッチをしてから眠るとか、少しだけ部屋の整理整頓をするとか、トイレ掃除をする、シンクを洗うなど、何でもいいのですが、ここで最後のあと1本！　を行うことで、「あぁ、今日もよ〜く頑張ったなぁ！」「今日も充実した1日だったなー！」と、心から満足して気持ち良く眠りにつけるのです。

ちなみに私はどんなに疲れていても、寝る前に、玄関とトイレは簡単に掃除をしています。これが心地良い眠りにつける儀式のようなものです。これに加えてあと1本！のときはお肌のパックをしたり、足をマッサージして、1日の終わりに100％自分のバッテリーを使い果たすようにしています。

↓夜寝る前のあと1本！が充実感を上げ、幸福度を高める

1 2 3 months

直感力を磨くことで運気がアップする

あなたは自分の直感力をつねに意識していますか？

成功者の多くが、直感力の重要性について語っています。私のメンターも、「自分の直感を信じて行動することはとても大切」と常日頃おっしゃっています。

何か大きなチャンスや転機が訪れるときは必ず直感が働くものです。私も過去を振り返ると、「これはチャンスだ！」とか、「なんだかワクワクするから、このイベントには参加しよう！」などと直感が後押ししてくれて、その結果、素晴らしい転機に恵まれてきました。

これは何も良い予感ばかりとは限りません。たとえばビジネスで、「ちょっとこのタイミングではない気がするな」とか、誘われたけど、なんだか今日は気分が乗らないな、といったことがあります。直感はいつも私たちにメッセージを伝えてくれているのです。

直感が教えてくれた詐欺話

数年前、あるパーティーでたまたま隣の席になった実業家がいました。世界的な事業をいくつも展開されている方で、見た目はとても華やか。社交的で親しみやすい雰囲気でした。華々しい肩書きがずらりと並び、世界の富裕層にコンサルをしているんだ、と話されていました。その方のもとには、代わる代わるたくさんの方が名刺交換や挨拶に訪れていました。

けれど私には、その方の笑顔がなんだか上辺だけのものに見えました。心から笑っていないような印象を受けたのです。

ですが、お互いに大のハワイ好きということで盛り上がり、数日後、ホームパーティーに招待されました。そして、そのホームパーティーで、熱心に投資話をもちかけられました。リターンがとても大きく、今がすごいチャンスだ！　と言うのです。

しかし、私の直感は「ＮＯ」でした。熱心に話されるのですが、心がまったく動かなかったのです。私の知人はその投資話に乗っていましたが、私は直感にしたがい、丁寧にお断りしました。

それから約半年後、その投資は中身がまるでスカスカで、まったく嘘だったことがわかりました。要は詐欺。その実業家の経歴も嘘ばかりでした。こんなに嘘を並べて、事業ってできるものなの？　と心底驚いたものです。

さらに出るわ出るわ、今までさんざん騙してきたことが明らかになり、数千万円騙された人たちが結束して裁判を起こしたくらいです。

あのとき直感にしたがって良かった！　と胸をなでおろしましたが、そうだ、前に詐欺師に騙されたことで、私も見る目を養ったんだ。あれは高かったけど、勉強代になったんだな、とも思いました（笑）。


話がそれましたが、**あなたも普段、直感でいろんなメッセージを受け取っていると思います。そのメッセージを無視せず、この感覚は今、私に何を伝えてくれているのかな？　と立ち止まって、直感に耳を傾ける癖をつけてください。**

直感力を養うためには、日頃から自分との対話をすること、自分一人でゆったり過ごす時間を定期的につくることが大切です。ジャーナリングは特にオススメですよ。

私は自分の心の声にしっかりと耳を傾けるようになってから、直感がどんどん研ぎ澄まされてきました。また、私たちは日頃膨大な情報にさらされていますから、意識的に情報をシャットアウトすることも大切です。

直感を大切にして耳を傾けることで、チャンスを引き寄せ、しっかりとものにすることができますよ。

↓

自分の直感を鍛えよう。そして直感に耳を傾けよう

1 2 3 months

大いなる存在とつながることでステージが上がる

本書ではセルフイメージを上げる方法や、自信の持ち方、モチベーションを継続する方法、人生を変える習慣や感情について、いろんな切り口でお伝えしてきました。

人生はドラマ。晴れの日も、雨の日も、曇りの日も、嵐の日もあります。日々想像を超えたいろんな出来事があり、望んでいない状況に陥ることだってあります。自信を失ってしまったときや、壁にぶつかったとき、迷路に入ってしまったとき、本書でご紹介した方法からあなたに合うものを選んでいただき、気持ちを切り替えて、前に進んで行ってください。

さらにこれからお伝えするのは、ここ数年、私が壁にぶち当たったときに意識していることです。

それは、自分と大いなる存在、高次の存在は一体化していると意識すること。すごくシンプルに伝えるなら、自分の内側には高次の存在（神さま）がつねに一緒にいてくれる。だから、あれこれ不安に思ったり、心を煩《わずら》わせなくていい。不安になったときは、内側にいる高次の存在に語りかけて委《ゆだ》ねればいい、ということです。

こんなふうに書くと、「じゃぁ自分は何もしなくて、ただ委ねればいいのですね」とか、「結局スピリチュアルがすべてということですか？」と誤解を招きそうですが、そうではないのです。**私がつねづねお伝えしているのは、スピリチュアルとリアルの融合。どちらも大切ということ。**

２０１９年5月にリー・ミルティア氏のワークショップを主催するために、ものすごく苦労していて（この話は前著『ミリオネア・マインドセット 黄金のルール』を読んでください）、ほとほと困り果てていたとき、ある霊能者の方からこう言われました。

「最後はもう運です。ここまできたら、もう運しかないですよ。神さまに委ねなさい」

そう言われて、毎日氏神様へお参りしたり、大好きな神社へ行ったり、日々宇宙やエンジェルによりいっそうお願いをしていました。そうして、その頃から自分ではわけがわからないような幸運なことが次々と起きて、結局、ワークショップは大成功できたのです。あぁ、これは私の力ではないな。大いなる存在達が応援してくれているんだ！　そう確信しました。

あなたの中に強力な助っ人がいる

世界的な作家やアーティストが、「気づいたら原稿が書き上がっていたのです！」とか、「自分ではない、大いなる存在がこの作品をつくってくれたのです」と言っているのを耳にしたことはありませんか？

私もその意味が最近やっとわかってきました。

今こうして生きていて、当たり前のように日常生活を送っているのでさえ、自分一人の力ではない。今日一日を事故にもあわず、健康に過ごせたことだって、守られているからです。私は壁にぶつかったときに、こう言います。

「努力します。自分のできる限りの努力をします。ですから最後はどうか、最善に導いてください」。そして日頃から自分の内側にいてくれる高次の存在（これはあなたがイメージしやすいものをイメージしてくださいね）を意識して、一体化するのを感じるのです。

もっというなら、自分という存在は唯一無二の尊い存在。だからこそ、自分を神さまのように扱うことです。神さまに対して悪い言葉を使ったり、どうでもいいような生活は送らせないですよね？　**自分を大切にすることが、結果的にあなたの人生のステージを上げ、豊かに、幸せに成功できることにつながるのです。**

すぐに理解していただくのは難しいかもしれませんが、自分の内側にはつねに強力な助っ人がいる、と思えばいいかもしれません。

少しずつでも、自分の内側の高次の存在を意識してみてください。

↓つねに大いなる存在とともにいることを意識しよう

自己限定をやめる

1カ月目と2カ月目のレッスンで、セルフイメージを上げる方法や、自信を持つための方法をいろいろとお伝えしてきました。きっとあなたもセルフイメージがグンと上がり、以前に比べてはるかに自分に自信を持ち、いろんなことに挑戦し、行動してくださっていることと思います。

何度も繰り返しますが、人は思ったとおりの人間になります。他人があなたのことをどう思おうと、あなたの人生は変わりません。あなたは、あなたが思ったとおりにしかならないのです。

「根拠のない自信を持つことが成功するためには大切」という言葉を聞いたことがないでしょうか？　まさにそのとおりで、自信に根拠はいりません。自分を信じることがいちばん大切なのです。

「あなたが自分を認めないで、誰があなたを認めてくれますか？」

この言葉は、私のメンターの一人が以前、私に投げかけてくれた言葉です。

潜在意識から出た尊大な一言

つい先日こんな出来事がありました。

娘が図書館から1冊の本を借りてきました。珍しく日本語の本です。「ママ、日本語の本があったから、借りてきたんだよ！　見て！」と嬉しそうです。

表紙を見ると、海外の絵本を村上春樹さんが訳された本で、表紙に「訳：村上春樹」と書かれていました。昔、村上春樹さんの本にはまったことがある私は嬉しくなり、思わず、「村上春樹じゃん!!」と叫びました。すると娘が、「村上春樹って何？」と言うのです。それで、「作家だよ。ママみたいな作家よ！」と答えたんです。

すると横でその会話を聞いていた夫が吹き出し、「おいおい！　天下の村上春樹を捕まえて、『ママみたいな作家』とは、お前もたいしたもんだよな〜。本当あっぱれだよな〜！」と大爆笑!!　確かに！　私も思わず自分の口から出た、「ママみたいな作家よ！」という言葉に今さらながら驚いて、恥ずかしくなって大爆笑。

村上春樹さんと言えば、知らない人はいない、日本を代表する世界的な小説家です。そんなお方と自分を一緒にするなんて、図々しいを通り越しています……。

でも、これこそが、潜在意識から無意識に発した言葉。あぁ、そうか！　と私は納得したのです。

これも何度も言いますが、潜在意識は、物事の「大きい」「小さい」や、「過去」「現在」「未来」の区別がつきません。だからこそ、無意識に私の中での自己評価は、〝村上春樹さんと同等の作家〟ということなんです（村上春樹先生、ファンの方、本当にすみません。昔から憧れているのでお許しください）。

実は私、いつか小説を書いてみたいなぁと漠然と思っていたのです。小学校の頃の夢は「小説家になる！」でした。そうです、「小説家になるぞ！」ということが私の潜在意識に刻まれていたのでしょう。そこから無意識に出た言葉だったのだと思います。

「私の潜在意識、立派に育ってるわ！」と感動して夫に伝えたところ、「悪びれもなくそう言うところが、お前らしいわ」と半ば呆れていたようでした。

たまたまわかりやすい例だったのでお話ししましたが、ぜひ皆さんも、まだまだ自分にはできていない、やれていない、到底無理だ、なんて自己限定はせずに、あなたの素晴らしい無限の潜在能力をどんどん引き出すために、自分で限界をつくるのを今すぐやめましょう！　子どもの頃の純粋な自分を思い出して、自分のなりたい姿を想像して、ワクワクしていいればいいのです。

そして1カ月目のレッスンにあった「なったふり」をしているうちに、脳は「あれ？今のままじゃおかしいよね？」「これは本当の私ではないぞ」と、あなたの望む姿にどんどん近づこうとしてくれますよ。**自己限定をやめ、根拠のない自信を持ち、もっとリアルになったふりを続けていってくださいね！**

↓

自己限定は今すぐやめて、なりたい自分をもっとリアルに演じていこう！

あとがき

——たった一度の人生を輝かせよう

2020年はコロナパンデミックに加え、私自身ショックな出来事が二つありました。立て続けに知人が亡くなったのです。お二人とも、以前、健康に関する講座でお世話になった方でした。お一人は娘が小さかった頃に、たびたび娘の健康相談に乗っていただいた方。もうお一人は、私自身が長年悩んでいた片頭痛について相談に乗っていただき、何度もメールで親切なアドバイスをしてくださった方でした。

健康のプロだったお二人の死。知ったときはショックとともに、あのときはいろいろと助けていただいたな……、命って本当にはかないものだな……と悲しい気持ちになりました。そして、ひとしきり悲しみを味わった後は、今自分がこうして健康で生きていられるのは本当にありがたいことだ。夢があり、毎日を充実して過ごせていることも本当に幸せだし、奇跡なんだという感謝の気持ちが湧いてきました。

同時に、だからこそ、一度きりの人生、やりたいことは全部やりきる。一生挑戦者であり続けよう。そして同じように夢を持っている方、希望に満ちあふれている子どもたちと、明るく希望にあふれた世界をつくっていこう！　そう、心に誓ったのです。

こうして原稿を書いている間も、毎日コロナのニュースが流れています。不安な日々を送っている方もたくさんいらっしゃると思います。少しでも早く良い状況になってくれることを祈るばかりです。

それでも、未来は誰にもわかりません。「過去はない。未来もない。あるのは永遠に続く今だけだ」。この言葉を胸に、今この瞬間、瞬間を、一生懸命に生きる。毎日を大切に、自分の思い描く未来に向かって一歩一歩進む。

コントロールできない状況にはエネルギーを使わず、私たちがコントロールできる状況に大切なエネルギーを使っていきましょう！

いつだって夢はあなたから逃げません。ともに夢に向かって、たった一度の人生を輝かせていきましょう！　あなたの中にある素晴らしい魅力をどんどん開花させて、最高の人生を歩んでいきましょう‼

この本があなたの夢を叶えるお手伝いとなればとても嬉しいです！

最後になりましたが、素敵な機会をくださったビジネス社様、大切な家族、尊敬しているメンター、マイコーチ、つねに応援してくださるすべての方に心から感謝いたします。

2021年3月

ハイパフォーマンスUPコーチ TAE

【著者プロフィール】
TAE（タエ）
日本で唯一のミリオネア・マインドセット・マスターコーチ。
人材派遣会社でコーディネーター、メーカーでの営業職を通じてコミュニケーションスキルを磨く。2015年にチームフロープロコーチ養成スクールを卒業。これまでに延べ3,000人以上を指導。実績として、起業して8か月で年収が１億円超！　ゼロからの新規事業が2年弱で月商1億円！　赤字店舗が１年で年商１億円超え！　起業から3年で売上100億円を達成！　など、“ミリオネア量産コーチ”として活躍中。YouTubeにて、ミリオネア・マインドセットをわかりやすく楽しく解説した動画を配信している。アメリカのカリスマ講師リー・ミルティアに師事し、日本人として唯一人「ミリオネア・マインドセット・マスターコーチ」の称号を与えられる。著書に、『100倍の富を引き寄せる ミリオネア・マインドセット』（ビジネス社）がある。

公式ブログ（アメブロ）　https://ameblo.jp/taeco1020/
YouTube　http://bit.ly/2QY7LIN

開運アクションや成功マインドセットを
わかりやすく配信中！

カリスマコーチTAEのミラクル・ステップ
3カ月で人生思いのまま!

2021年４月26日　第１刷発行

著　者　TAE
発行者　唐津　隆
発行所　株式会社ビジネス社
〒162－0805　東京都新宿区矢来町114番地
神楽坂高橋ビル5F
電話　03－5227－1602　FAX 03－5227－1603
URL　http://www.business-sha.co.jp/

〈カバーデザイン〉長谷川有香（ムシカゴグラフィクス）
〈本文デザイン・DTP〉関根康弘（T-Borne）
〈イラスト〉林　香世子
〈印刷・製本〉モリモト印刷株式会社
〈編集担当〉山浦秀紀〈営業担当〉山口健志

ISBN978-4-8284-2265-7